PERFUME

EL ORIGEN BOTÁNICO DE LAS FRAGANCIAS

JOSH CARTER y
SAMUEL GEARING

Con textos adicionales de Eliot Jan-Smith
y Melanie-Jayne R. Howes

Librero

ÍNDICE

INTRODUCCIÓN

Mientras trabajábamos en este libro, le pedimos a una serie de amigos y familiares que pensaran en el término *comunicación*. Muchas de las conversaciones que siguieron hacían referencia a los medios inherentemente humanos: el habla, los gestos, las expresiones faciales o los medios visuales como la forma y el color.

Solo tras debatirlo llegaron a la conclusión de que la comunicación es, en realidad, mucho más sencilla. Como indica un diccionario, es un proceso en el que algo es «impartido, intercambiado o transmitido».

Tómese un momento para pensar en la comunicación en esta fascinante relación: es una tarde de verano y una polilla revolotea por un jardín. Mientras aletea entre una paleta de colores, un canto de sirenas compuesto por dulces aromas se aproxima desde una planta trepadora cercana, conocida por nosotros como madreselva.

Mientras que las abejas y las mariposas disfrutan del néctar de la madreselva durante el día, la polilla nocturna es la polinizadora preferida de la planta, ya que su larga probóscide (parte de la boca) es capaz de alcanzar el interior de las flores. Entonces, cuando anochece, la madreselva comunica su aroma con toda la intensidad posible, esperando captar la atención de la polilla.

El mundo natural está lleno de ejemplos como este. En lugar de usar palabras, las plantas poseen aromas por motivos que van mucho más allá de la belleza. Son un medio de transmitir mensajes, crear vínculos y sobrevivir.

Estos principios primitivos se reflejan en los seres humanos. Nuestro sentido del olfato sirve para mejorar nuestra capacidad de encontrar alimento o una pareja, o bien para detectar peligros. También nosotros emitimos nuestro olor, que no solo desempeña un papel crucial en nuestras relaciones, sino que se cree es único, como una huella dactilar.

Sin embargo, aunque los humanos son muy duchos en la olfacción (la capacidad de oler), gran parte de este proceso ocurre a nivel inconsciente. Rara vez las parejas de toda la vida comentan que el éxito de su relación se debe, en alguna medida, a su compatibilidad olfativa.

Del mismo modo, pocas personas son capaces de explicar por qué los materiales olorosos procedentes de especies totalmente diferentes conectan con ellas en la esfera emocional; pero lo hacen. La correcta combinación de ingredientes le puede transportar a un mundo de asociaciones sensoriales que evocan recuerdos, pican la curiosidad e incluso cambian el estado de ánimo.

Los seres humanos han venerado las materias aromáticas desde tiempos inmemoriales. Culturas de todo el mundo las han relacionado con lo divino y las han atesorado por su capacidad de curar, calmar, estimular, embellecer y, lo más importante, conectarnos entre nosotros.

Nuestro intrincado vínculo con los aromas que nos rodean ha hecho que, durante milenios, nuestro apetito por obtenerlos haya sido insaciable. Sin embargo, aprovechar lo que nos da la naturaleza puede ser un proceso de gran complejidad. Cultivar, cosechar, extraer y procesar materiales aromáticos conlleva enormes desafíos y requiere grandes dosis de paciencia.

Aunque en tiempos pasados los perfumes estaban reservados a las personas adineradas, nuestra riqueza de conocimientos compartidos, junto con una infraestructura global y procesos inteligentes, han hecho que los materiales más raros y laboriosos de obtener estén disponibles todo el año. Hoy día, el perfume está profundamente arraigado en nuestras vidas, y materiales que antaño se reservaban para reyes y reinas se usan en productos cotidianos y son asequibles al momento.

En ciertos casos, esta cultura de inmediatez ha generado la sensación de que el perfume ya no es un arte que requiere paciencia. En la era de la inteligencia artificial, cuando es posible crear fórmulas sorprendentes sin intervención humana, quizás muchos ya no lo consideren un arte puro.

La gran ironía —o tal vez belleza— de ello es que, a pesar de la disponibilidad aparentemente instantánea, muchos de los principios de la perfumería siguen siendo los mismos. El lirio florentino requiere años para desarrollarse. Muchas rosas se recogen todavía a mano al amanecer. Los árboles aromáticos siguen creciendo a un ritmo lento y maravilloso y suelen cuidarlos los descendientes de quienes los plantaron.

A medida que nos lanzamos hacia las brillantes luces de la era digital, el arte de la perfumería sigue siendo uno de los pocos oficios que todavía se escribe en el lenguaje del mundo natural.

En este libro exploramos 100 materiales cuyos singulares mensajes olfativos se utilizan en el trabajo de perfumistas de todo el mundo, o les sirven de inspiración. Cada uno de ellos nos brinda la posibilidad de enviar nuestros propios mensajes, y no hace falta decir que podrían escribirse libros enteros sobre cada uno de ellos. El nuestro no es un listado exhaustivo. Más bien es una celebración de la majestuosidad efímera de nuestro planeta, un tributo a un arte sutil que aún posee el poder de cambiar nuestra percepción del mundo en el que vivimos. Y más importante aún, es una oda a una creencia que hemos sostenido durante mucho tiempo: que la naturaleza tiene su propia voz.

———

Nota sobre la estructura del libro: el texto aportado por Eliot Jan-Smith y Melanie-Jayne R. Howes, expertos de los Jardines Botánicos Reales de Kew, con quien este libro fue creado en colaboración, explora el trasfondo científico de los ingredientes botánicos de los perfumes. Estas secciones están separadas del texto principal por una línea divisoria (también es suya la introducción informativa del capítulo dedicado a los cítricos). Las bellas ilustraciones son de los propios archivos de Kew.

CÍTRICOS

FRUTOS CÍTRICOS
Citrus spp. – Rutáceas

Parte de la familia de las rutáceas, el género *Citrus* es complicado de intepretar. Es originario de una amplia región que va desde los Himalayas hasta la China en dirección este, y hacia el sur pasando por las islas de Indonesia hasta el norte de Australia. No está del todo claro cuántas especies naturales del género existen.

Esto se debe principalmente a la propensión de los árboles de *Citrus* a hibridar. De hecho, muchos de los cítricos más importantes desde el punto de vista económico son resultado de una compleja secuencia de hibridaciones seguida por siglos de cultivo selectivo.

Algunos de los cítricos más comunes que se cultivan son: limones, limas, naranjas (dulces, amargas de Sevilla y sanguinas), pomelos, clementinas, naranjas tangerinas, bergamotas (que le dan al té Earl Grey su sabor característico), yuzus (un híbrido de mandarina utilizado por el aceite de su piel) y mandarinas. De todas ellas, se cree que solo las mandarinas son especies naturales no hibridadas. El resto son todos híbridos en distintas proporciones, en especial de tres especies distintas: la mandarina *(C. reticulata)*, el pomelo *(C. maxima)* y el cidro *(C. medica)*. Los frutos resultantes son diferentes de sus antepasados. En general, los cítricos han sido seleccionados por una corteza interna blanquecina más fina (para facilitar el pelado), pulpa más jugosa, mayor dulzura, aceites esenciales más aromáticos y menos semillas, además de características hortícolas como la resistencia a las plagas o una mayor producción de frutos.

Los árboles de cítricos prefieren climas cálidos y deben protegerse de las heladas. Antiguamente las mejores casas señoriales británicas tenían un invernadero llamado *orangerie*, destinado específicamente al cultivo de cítricos, tanto como símbolo de estatus social como por su valor alimenticio. Estas estructuras requerían grandes ventanales que dejaran pasar la luz, pero debían mantener el calor en invierno, una tarea difícil (y costosa) en una época anterior al doble acristalamiento y las calderas de gas.

El zumo de la mayoría de los frutos cítricos es ácido, atemperado en distinto grado por el nivel de azúcar que contienen. El principal responsable de su acidez es el ácido cítrico, llamado así porque se descubrió en el zumo de limón. El zumo de limón es muy útil en la cocina y se usa con frecuencia para desglasar, disolver y cuajar, así como para añadir acidez.

Los cítricos también se consideran una buena fuente de vitamina C, también denominada ácido ascórbico (el término *ascórbico* se refiere a su capacidad de prevenir el escorbuto o deficiencia de vitamina C). Los marineros sabían desde hace siglos que los cítricos frescos eran muy eficaces contra el escorbuto que, en las largas travesías marítimas, podía diezmar a la tripulación. Se cree que el hecho de que la Marina Real británica proporcionara zumo de lima a sus tripulaciones como prevención, dio origen al término estadounidense *limey* que usan para referirse a los marineros británicos y a los británicos en general.

La cáscara o la ralladura de los cítricos es rica en aceites volátiles, tanto que pueden extraerse presionando o retorciendo la piel, sin necesidad de destilación. La mayor parte de estos aceites corresponde al compuesto *limoneno* que, como su nombre indica, es el que da el aroma característico a los aceites cítricos.

LIMÓN

Citrus x limon

Durante la Edad Media se empezaron a reconocer las propiedades curativas del perfume. Las condiciones de higiene eran precarias y los olores miasmáticos algo habitual, por lo que las aguas perfumadas no solo eran tenidas en gran estima, sino que se consideraban milagros medicinales.

La fragancia más antigua que reconoceríamos hoy como un perfume moderno (con base de alcohol), conocida como Agua de Hungría, fue uno de esos tónicos que se consideraban una panacea de cualidades curativas extraordinarias. Era una versión avanzada de un tónico de romero conocido como Agua de la reina de Hungría, pero con notas cítricas añadidas, siendo la principal la del limón.

El Agua de Hungría y su característica cualidad cítrica fue la precursora de la fragancia llamada «Agua de Colonia», que alcanzó tal fama que su nombre se empezó a utilizar como genérico para fragancias del mismo estilo.

Actualmente se estima que la producción anual de limones es de unos 10 millones de toneladas. Por lo que se refiere a la perfumería, la parte más importante es la cáscara. El método de extracción conocido como «expresión en frío» consiste en prensar la cáscara pelada, a veces a mano y otras de forma mecánica, para obtener un aceite esencial ligero de una calidad inconfundible.

El olor del aceite de limón obtenido por expresión recuerda al de la propia cáscara, con un perfil olfativo cítrico y dulce. Se lo considera un toque chispeante o efervescente cuando se usa como nota de salida. Aunque no es un material especialmente duradero, es capaz de atravesar composiciones con gran claridad.

LOS AROMAS ESENCIALES

4711
de Muelhens

Replica Under
the Lemon Trees
de Maison Margiela

L'Etrog Acqua
de Arquiste

BERGAMOTA
Citrus bergamia

Se dice que los cultivadores de bergamota de Calabria
(Italia) poseen la misma resistencia que los robustos
árboles frutales a los que dedican su vida.

El aceite esencial de bergamota es uno de los materiales más comunes en perfumería. La mayoría de la producción se da en Calabria, donde numerosos negocios familiares han tenido que superar enormes desafíos, como por ejemplo dificultades económicas y un devastador terremoto, para poder mantener sus tradiciones y medios de vida de siempre.

El registro más antiguo sobre el uso de la bergamota en perfumería data del año 1686, cuando un siciliano llamado Francis Procopius presentó el «agua de bergamota» en Francia. Más tarde, en 1709, Giovanni Maria Farina, un italiano emigrado a Alemania, comercializó su «Agua de Colonia» (nombrada por su ciudad de acogida) creando así el marco idóneo para la bergamota, que ahora se calcula forma parte de más de la mitad de todos los perfumes del mercado.

Cualquier persona aficionada al té Earl Grey, que lleva cáscara de bergamota como saborizante, estará familiarizada con su aroma. Recuerda al de otros cítricos, como el limón o la naranja, pero tiene un aroma mucho más complejo que es a la vez amargo y suavemente calmante.

Se lo considera una nota de salida y se suele obtener mediante prensado en frío de la cáscara del fruto. A veces se emplea como material principal, aportando una vitalidad refrescante, y otras veces para un efecto sutil, como por ejemplo disimular el olor del alcohol al pulverizar el perfume.

LOS AROMAS ESENCIALES

Eau d'Hadrien
de Annick Goutal

Orange Crush
de Fugazzi

Bergamotto
de Laboratorio
Olfattivo

NARANJA AMARGA

Citrus x aurantium

Los aceites naturales obtenidos de la cáscara de la naranja
se dividen en dos categorías principales: dulces y amargos.

La naranja amarga (*Citrus x aurantium*), a veces conocida como «bigarade», se obtiene casi exclusivamente mediante el prensado de la cáscara. Existen numerosas variedades, de aromas diferentes según su origen. Se suelen prensar a mano y por ello resulta más costosa que otras, con un aroma relativamente más rico. Su perfil olfativo, característicamente amargo, presenta matices secos que funcionan especialmente bien en perfumes de tipo chipré o fougère.

Como contraste, la naranja dulce (*Citrus sinensis*) tiene un perfil olfativo más fresco y dulzón que recuerda el del zumo de naranja recién exprimido. Originaria del sudeste asiático, la naranja dulce se cree que es un híbrido de mandarina y pomelo (*Citrus maxima*), y actualmente es uno de los árboles frutales más cultivados en todo el mundo. La mayor parte de la producción de aceite proviene de Brasil y del estado de Florida, que juntos abarcan más de 567 kilómetros cuadrados.

En perfumería, lo que la naranja aporta en frescura le falta en longevidad. Por su naturaleza efímera, suele encontrarse exclusivamente como nota de salida. Es un componente clave en clásicos como el *4711* de Muelhens y el *1709 Eau de Cologne* de Farina, y se cree que posee cualidades terapéuticas capaces de aliviar el estrés y mejorar el estado de ánimo.

LOS AROMAS ESENCIALES

Orange Sanguine
de Atelier Cologne

Orange Crush
de Fugazzi

Arancia di Capri
de Acqua di Parma

YUZU

Citrus x junos

En perfumería, al igual que muchos cítricos, el aceite esencial de yuzu se obtiene mediante extracción en frío. El extracto proviene de la cáscara del fruto, no de su pulpa.

Aunque originario de China, el yuzu se cultiva en varios países y actualmente se reconoce que el mejor es el del Japón, e incluso se le denomina «cidro japonés». Es caro, porque la producción japonesa de yuzu es limitada. Esto significa que solo unas pocas marcas utilizan el aceite esencial en sus perfumes.

El yuzu es un ingrediente maravilloso para un órgano de perfumista (una estantería personalizada en el que el perfumista coloca sus ingredientes), porque su fragancia es característica y compleja. Puede dar la impresión de otros frutos cítricos, por ejemplo mandarina, limón y pomelo. También tiene matices verdes y se considera que posee elementos florales que recuerdan el nerolí y el geranio. Esto significa que el perfumista puede utilizarlo para llevar una fragancia en numerosas direcciones. Otro valor importante del yuzu es su longevidad en una fragancia, mayor que la de otros cítricos, que son volátiles y se evaporan rápidamente al pulverizarlos. El yuzu se añade para prolongar esa fresca fragancia cítrica.

LOS AROMAS ESENCIALES

Yuzu Man
de Caron

Eau de Yuzu
de Nicolaï

Note de Yuzu
de Maison Kitsuné x Heeley

MANDARINA
Citrus reticulata

Una nota cítrica de gran carácter y cálida personalidad,
la mandarina es una fruta polifacética de un aroma
fresco y verde.

Posee matices florales que recuerdan el nerolí, y a pesar de ser uno de los materiales cítricos más dulces de la perfumería, también posee una nota de salida de carácter medicinal. Por ello se suele utilizar con moderación como nota de salida o de corazón.

El aceite se extrae mediante expresión en frío. Se prensa la cáscara, a veces a mano y otras de forma mecánica, para producir uno de tres aceites diferentes. Estos tres tipos (rojo, verde y amarillo) dependen de la madurez del fruto y cada uno de ellos posee distintos matices. El rojo se extrae de la fruta madura y su aroma es el más dulce; el verde proviene del fruto verde y su perfil es mucho más ácido. El amarillo es el más escaso de los tres y suele considerarse el más complejo. Se extrae en el punto medio del crecimiento del fruto, por lo que posee tanto el dulzor del maduro como las cualidades ácidas y verdes del otro aceite.

En ocasiones, también es posible encontrar aceite de «petitgrain de mandarina», que se obtiene por destilación al vapor de las hojas, ramitas y a veces de los frutos inmaduros del árbol. Este aceite de color verde oscuro posee una cualidad floral más pronunciada, con un toque ahumado y meloso.

LOS AROMAS ESENCIALES

Tobacco Mandarin
de Byredo

004
de Bon Parfumeur

Mandarino di Sicilia
de Perris Monte Carlo

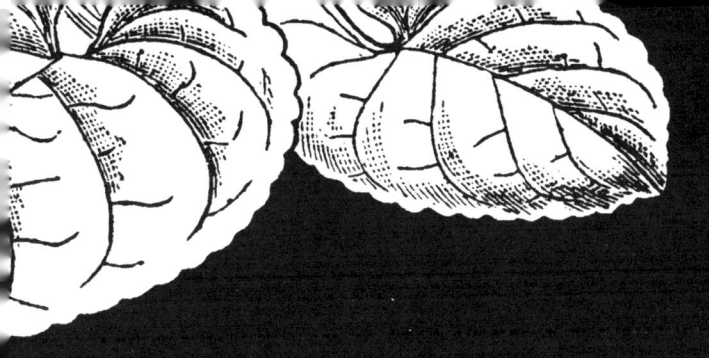

FLORES DE
COLORES

ACACIA
Vachellia farnesiana – Fabáceas

Por lo que respecta a la perfumería, tal vez sería mejor llamar «cassie» a esta entrada para evitar confusiones.

El aceite de cassie se extrae de las flores en forma de pompón de la *Vachellia farnesiana*, un pequeño árbol que crece en zonas semitropicales. A menudo se confunde con la mimosa (*Acacia dealbata*), ya que el nombre común de cassie ha seguido siendo «acacia» a pesar de su taxonomía revisada y del hecho de que sus aromas son muy distintos. Tal vez sea mejor pensar en la cassie como un familiar de la mimosa. Existen semejanzas, pero la mimosa posee facetas más ricas y verdes, mientras que el aroma de la cassie es cálido y empolvado, de suaves matices balsámicos y un persistente toque especiado que recuerda un poco a la canela.

Se usa un éter de petróleo para obtener un concreto que después se procesa con alcohol para producir el absoluto de cassie. Es conocido por ser un material difícil de trabajar, pero combina armoniosamente con otros aromas florales empolvados como el del lirio, la violeta y, por supuesto, la mimosa.

Se cree que la *Vachellia farnesiana* se llama así por la Villa Farnese, donde una familia italiana del siglo XVII la cultivaba con fines ornamentales. Resulta confuso que el icónico *Farnesiana* de Caron (1947) se anuncie como una fragancia de mimosa, a pesar de que su nombre viene de la menos conocida pero sin embargo presente *Vachellia farnesiana* o *cassie*.

———

La taxonomía de las acacias es bastante complicada y ha sido revisada en múltiples ocasiones. La acacia dulce se llamaba, hasta hace poco, *Acacia farnesiana*, antes de que pasara a pertenecer al género *Vachellia*. El antiguo nombre acacia sigue en uso, lo que resulta confuso, ya que el nombre común permanece invariable (*véase también* mimosa, otra especie de acacia con un nombre común engañoso, ya que no forma parte del género *Mimosa*). El farnesol, un compuesto químico muy utilizado en perfumería, se aisló por primera vez del aceite de cassie y se llama así por esta especie.

LOS AROMAS ESENCIALES

Farnesiana
de Caron

Une Fleur de Cassie
de Dominique Ropion
para Frédéric Malle

Après L'Ondée
de Guerlain

AMARILIS

Amaryllis e *Hippeastrum* – Amarilidáceas

Las flores en forma de trompeta de las especies *Amaryllis*
se suelen considerar un símbolo de belleza y fuerza.

Aunque no todas las variedades de la amarilis son aromáticas, las que sí lo son suelen considerarse florales, con una nota dulce y afrutada que a veces se compara con la mandarina.

La amarilis no tiene gran importancia en la industria de la perfumería, salvo como inspiración para exploraciones creativas. Una de las primeras fragancias inspiradas en esta flor fue *Amaryllis*, de la casa Lubin, lanzada en 1922. Casi un siglo después, la aterciopelada flor fue nuevamente reconocida en *Amaryllis* de Floris, que utilizó vivos aromas florales y dulces notas ambarinas para evocar un relato tradicional que cuenta cómo la amarilis obtuvo su color del corazón de una joven ninfa.

Otro notable perfume es el de la casa alemana J.F. Schwarzlose: *Treffpunkt 8 Uhr*, que significa «cita a las 8». Una interpretación actualizada de uno de los perfumes clásicos de la casa, tiene un corazón de amarilis con salvia esclarea y un acorde de mango para evocar los dorados años veinte berlineses. A pesar de ser considerada una fragancia masculina «deportiva», se sabe que la llevaba la bailarina y actriz francesa Josephine Baker.

———

El nombre de «amarilis» se deriva del griego *amarysso*, que significa «centellear», en alusión a las llamativas flores de las plantas de amarilis. Una de las dos especies aceptadas del género *Amaryllis* es el lirio *Amaryllis belladonna*; belladonna significa «mujer hermosa». Otro grupo de plantas que se conocen por el nombre genérico de «amarilis» son las del género *Hippeastrum*. Algunas de sus especies contienen una sustancia química llamada galantamina, que se da también en otras plantas de la familia de las amarilidáceas como las campanillas de invierno (especie *Galanthus*) y la especie *Narcissus*. La galantamina se utiliza como fármaco para aliviar los síntomas de la enfermedad de Alzheimer.

LOS AROMAS ESENCIALES

Treffpunkt 8 Uhr
de J.F. Schwarzlose

Amaryllis
de Panama 1924

Possession
de Wilgermain

CLAVEL

Dianthus caryophyllus – Cariofiláceas

La mayoría de las personas solo conocen el clavel por haberlo comprado en una floristería... o incluso en el supermercado.

Estas flores tienden a no ser muy aromáticas, por lo que quizá le sorprenda encontrarlas en esta recopilación. Sin embargo, una flor fresca sin cortar sí tiene olor; es especiado y recuerda al clavo de olor. Los claveles se cultivan en todo el mundo para su uso en ramos florales, pero la producción del aceite absoluto en perfumería se lleva a cabo principalmente en Europa, en su mayor parte en Francia.

Al final de la estación del clavel, las flores se extraen para obtener un concreto, que se emplea para crear el aceite absoluto. El rendimiento de aceite del concreto es muy bajo, lo que lo convierte en un proceso costoso. Como resultado, el clavel se usa cada vez menos en la perfumería moderna. Cuando se emplea, es sobre todo en pequeñas cantidades o combinado con otras notas de apoyo.

La fragancia de clavel es floral y especiada, a menudo descrita como picante. Suele utilizarse en acordes similares, con otras notas como clavo de olor, pimienta y canela. Además, combina bien con acordes florales, aportando suavidad a un perfume y un matiz ligeramente especiado.

———

Parte de la familia de las cariofiláceas, el género *Dianthus* incluye el clavel, las clavellinas y el clavel del poeta. El nombre del género, *Dianthus*, es de origen griego y significa «flor celestial». Se cree que el clavel es originario de la península balcánica, aunque ahora se encuentra en jardines de todo el mundo. Las flores son de múltiples colores y suelen presentar pétalos característicos de bordes dentados. Los claveles han adquirido un significado símbolico en diferentes culturas, como por ejemplo en Portugal, donde se convirtieron en el símbolo de la Revolución de los Claveles de 1974, que finalmente llevó la democracia al país.

LOS AROMAS ESENCIALES

Diamond Jubilee Bouquet
de Grossmith

Jours Heureux
de Bienaimé

L'Air du Temps
de Nina Ricci

CHAMPACA

Magnolia champaca – Magnoliáceas

El absoluto de champaca posee un cremoso aroma floral
derivado de las flores amarillas de la *Magnolia champaca*.

Recuerda un poco al ylang-ylang y el clavel, pero con una nota que tiende hacia la salvia esclarea.

En India se conoce como *champa* y se considera un árbol sagrado que suele cultivar en los jardines de los templos. Las flores se recogen por la mañana y, si no se venden a los productores de perfumes, se suelen llevar al mercado, donde se venden en forma de guirnaldas aromáticas.

El ingrediente alcanzó especial notoriedad cuando Tom Ford lanzó su *Champaca Absolute*, que ya no se produce. Aunque la champaca es conocida por combinar de forma armoniosa con otros elementos florales como el muguete y la violeta, el famoso perfumista Rodrigo Flores-Roux decidió dar realce a la flor que le inspiró con notas más inusuales como coñac, vino de Tokaji y castañas confitadas.

Otro uso notable con un toque original es el de la casa británica Ormonde Jayme, cuya fragancia de champaca combina el aceite absoluto de la flor con nerolí. La suntuosa fragancia floral se abre con un chispeante toque cítrico antes de fundirse en una inesperada nota láctea de «arroz basmati».

El árbol de champaca o del champak (a veces denominado árbol de orquídea de jade amarillo) anteriormente se clasificaba en el género *Michelia*. Ahora ha sido incorporado al género *Magnolia*, que cuenta con más de 360 especies. El champaca es originario de Asia, desde la India hasta las islas de Indonesia. Si se planta fuera de las condiciones tropicales húmedas de su zona de origen, puede necesitar riego o protección contra el frío. La madera se aprovecha ocasionalmente, pero su uso principal sigue siendo ornamental, para flores cortadas y la industria de la perfumería. El híbrido *Magnolia x alba* se utiliza también para la producción de aceite esencial.

LOS AROMAS ESENCIALES

Champaca
de Ormonde Jayne

La Douceur de Siam
de Parfums Dusita

Lostinflowers
de Strangelove

AMAPOLA
Especie *Papaver* – Papaveráceas

Puede que haya tenido que leerlo dos veces cuando vio el título de «amapola», porque la flor en sí misma no desprende mucho aroma.

Podría decirse que la fragancia natural de una amapola es verde o terrosa; algunos incluso perciben un toque ahumado. Sin embargo, la verdad es que, en perfumería, el aroma de una amapola es algo que crea el perfumista.

Cuando en una fragancia se menciona a la amapola como nota, por lo general se entiende que se trata de un acorde empolvado y difuso. Parece aportar un delicado cambio de tono a una fragancia, en lugar de dominar el compuesto con una intensa nota floral.

Dicho esto, en raras ocasiones encontrará el término «opio» listado como nota de una fragancia, como en el caso de *Chasing the Dragon* de Clive Christian, o *Vi et Armis* de BeauFort London. De forma apropiada, en perfumería el opio se emplea por su famoso efecto hipnótico. Al igual que la amapola, es una nota floral empolvada y delicada, pero con una ligera cualidad balsámica, por lo que va bien con los perfumes ambarinos. Cabe destacar que el opio no es un ingrediente del famoso perfume homónimo de Yves Saint Laurent; es más probable que solo pensara en él como inspiración.

———

Las dos especies de amapola más familiares para muchas personas son la *Papaver rhoeas*, la amapola silvestre o de campo de un vivo color rojo (como la representación en papel que se lleva en el Reino Unido el 11 de noviembre, el Día del Recuerdo o del Armisticio), y la *Papaver somniferum*, la amapola del opio (*somniferum* significa «somnífero» en latín). Además de usarse para producir drogas como el opio o la heroína, la amapola del opio es la fuente de algunos de los analgésicos más eficaces, como la morfina y la codeína. Las semillas de amapola que se emplean en panes y pasteles provienen también de la *Papaver somniferum*, así como el aceite de amapola que se extrae de las mismas. Hay que decir que los rastros de opiáceos de las semillas de amapola han causado alguna vez un resultado positivo en pruebas de dopaje.

LOS AROMAS ESENCIALES

Scarlet Poppy Intense
de Jo Malone

Eilish No. 2
de Billie Eilish

California Poppy
de Atkinsons

RAÍZ DEL LIRIO FLORENTINO

Iris pallida – Iridáceas

Algunos de los materiales más icónicos de la perfumería
proceden de los lugares más inverosímiles.

Al observar un lirio barbudo, podría pensarse que son sus llamativas flores las responsables de uno de los ingredientes más caros de la perfumería. Sin embargo, el verdadero valor de estas bellas plantas se encuentra en su base, en el rizoma.

Lo más curioso de este lirio es que cuando es fresco, el rizoma (parecido a un bulbo) es casi del todo inodoro. Pero cuando se seca durante un mínimo de tres años, se pulveriza y se destila por arrastre de vapor, se solidifica en lo que se conoce como «manteca de lirio».

La manteca de lirio es uno de los materiales más codiciados de la paleta del perfumista. Tiene un perfil olfativo mantecoso y floral, que recuerda a la violeta, pero con matices más afrutados. Se considera excepcionalmente lujoso y combina bien con notas florales blancas, así como con maderas más cremosas como el sándalo.

La producción de manteca de lirio no solo requiere mucha paciencia, sino también una atención minuciosa al detalle. Por ejemplo, un mal almacenamiento puede dar lugar a notas ácidas o incluso rancias en el producto final. Sin embargo, producido de forma correcta, este divino material vale -literalmente- más que su peso en oro.

La manteca de lirio se puede seguir procesando para obtener el absoluto de aceite de lirio. El rendimiento de este proceso es muy bajo y requiere una gran cantidad de raíz seca. Los compuestos químicos llamados ironas, formados gradualmente durante el prolongado almacenamiento subterráneo de las raíces, son los principales responsables del aroma característico de este aceite.

LOS AROMAS ESENCIALES

Shem-el-Nessim
de Grossmith

Iris Wallpaper
de Bibbi

Iris Poudre
de Pierre Bourdon
para Frédéric Malle

FLOR DE CEREZO

Especie *Prunus* – Rosáceas

Famoso por su belleza primaveral en Kioto, la flor del cerezo
(sakura) es sinónimo del Japón y se ha convertido en una
parte icónica de su industria turística.

Las nubes de flores rosadas tienen un aroma sutil y verde, con notas de miel y amaretto. La flor de cerezo que se menciona en las notas de un perfume tiende a ser dulce y afrutada, más que un reflejo verdadero de su perfume natural.

En perfumería, la flor de cerezo se refiere más a un estilo o tono que a un ingrediente real. Al crear un acorde de flor de cerezo, lo que el perfumista desea es captar algo ligero, etéreo, floral y dulce: unas nubes de delicadas flores rosadas.

La fragancia se obtiene mediante una combinación de acordes. Los perfumistas suelen combinar rosa y jazmín, que dan al instante un reconocible tono floral. Para los elementos dulces o afrutados, se utilizan notas de frambuesa o cereza sintética para un acorde dinámico. Por último, para dar una cualidad ligera y etérea a la fragancia, los perfumistas suelen añadir notas como almizcle blanco, sándalo o madera de cedro. Si un perfumista desea crear una fragancia de flor de cerezo más real que etérea, añade notas verdes. La flor de cerezo se considera una nota floral de «fantasía».

El género *Prunus* (actualmente con más de 340 especies reconocidas), incluye varias frutas importantes como ciruelas, melocotones, albaricoques, almendras y cerezas (*véase* pág. 96). Sin embargo, varias especies se cultivan no por sus frutos, sino por sus flores, en especial en Japón. Se han desarrollado cientos de variedades y muchas de las más populares son híbridos de *P. speciosa*, *P. serrulata* y otras especies. Como han sido cultivados para obtener flores de mejor calidad, el fruto de muchos de estos árboles no siempre es apetitoso. Con las flores de ciertas especies se pueden preparar infusiones.

LOS AROMAS ESENCIALES

**I See the Clouds
Go By**
de Floraïku

Sakura
de Dior

Cherry Blossom
de Floris

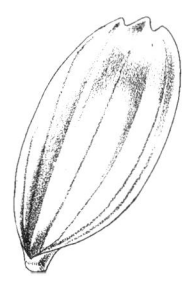

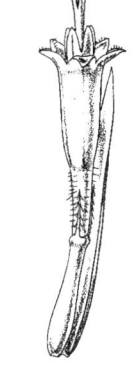

COSMOS
Especie *Cosmos* – Asteráceas

Estas flores son bien conocidas por ser una de las favoritas de los jardineros.

Son fáciles de cultivar, atractivas y de colores variados, por lo que siempre son bienvenidas en cualquier parterre. Existen numerosas variedades, cada una con su propia belleza característica y delicada, pero pocas de ellas son conocidas por su aroma y por ello no se utilizan demasiado en perfumería. Los perfumistas a menudo intentan evocar el aroma o la esencia de una planta por la popularidad de su belleza y el vínculo que muchas personas tienen con ella, pero este no ha sido el caso de la flor de cosmos, al menos hasta hace poco.

Sí existe una variedad de cosmos que es famosa y muy codiciada por su aroma, el *Cosmos atrosanguineus*, comúnmente llamado flor de chocolate. Estas flores de color rojo oscuro se conocen por su singular y dulce aroma a chocolate. La fragancia *Wicked Wahine*, de Royal Hawaiian Perfumes, captó una parte de la flor de cosmos en 1968, pero después no se utilizó demasiado hasta 2016, cuando Clive Christian creó un perfume que lleva el nombre de la flor. Una fragancia rica, fresca y dulce, capta la esencia de la flor de chocolate.

Cosmos es un género que incluye al menos 35 especies de la familia de las margaritas, con un centro de diversidad en México. El cosmos más común en los jardines, el *C. bipinnatus*, se ha extendido a gran parte de las zonas templadas del mundo. El cosmos amarillo, *C. sulphureus*, ha tenido una expansión similar. El nombre de la especie del cosmos chocolate, conocido por su intenso aroma, proviene del latín «rojo sangre oscuro», por el color de la flor. Originario del nordeste de México, se creía que esta variedad se había extinguido en estado silvestre, sobreviviendo solo al cultivarlo como clones vegetativos, pero recientemente se han descubierto poblaciones silvestres.

LOS AROMAS ESENCIALES

Queen Anne Cosmos Flower
de Clive Christian

Albédo
de Stéphane Piquart para Parfumeurs du Monde

Black Essential Dark
de Avon

GUISANTE DE OLOR
Lathyrus odoratus – Fabáceas

Es imposible hablar del guisante de olor sin declarar un
amor apasionado por la histórica casa de perfumes Caron.

Con el nombre de esta amiga de los jardineros que crece en abundancia, *Pois de Senteur* («guisante de olor» en francés) es un triunfo de la perfumería. Este clásico fue lanzado en 1927 y posee cierto aire de esa época, al ser maravillosamente rico y empolvado. Aunque en absoluto imita el aroma del *Lathyrus odoratus*, sí evoca la sensación de estar envuelto por sus flores.

El aroma natural del guisante de olor es dulce. Tiene un ligero toque de rosa y azahar, y algo de jacinto. Casi siempre el guisante de olor de un perfume es una réplica sintética, o un acorde floral compuesto de diferentes materiales. Aporta una cualidad delicada, floral y húmeda a un perfume y su carácter es algo almizclado, con una faceta animálica y una dulzura similar a la miel.

Muchas personas sienten afición por la flor y su atractivo aroma, por lo que no sorprende que los perfumistas se esfuercen por captar su aroma en sus creaciones a pesar de los retos que presenta el hacerlo de forma natural.

————

Originario del sur de Italia, el guisante de olor es una planta anual que crece como enredadera. Es pariente cercano del guisante común comestible, *Lathyrus oleraceus* (anteriormente denominado *Pisum sativum*), y de la almorta, *Lathyrus sativus*, un alimento de subsistencia que puede causar la enfermedad conocida como latirismo si se consume durante periodos prolongados. Al igual que esta, las semillas del guisante de olor son tóxicas, pero a causa de otras sustancias químicas diferentes. El consumo de semillas de guisante de olor puede provocar el osteolatirismo, una enfermedad que se cree es debida al compuesto químico beta-aminopropionitrilo. Las enredaderas del guisante de olor alcanzan una altura de 1,8 metros de altura, y las flores varían considerablemente según la especie cultivada.

LOS AROMAS ESENCIALES

Pois de Senteur
de Caron

Aqua Universalis
de Maison Francis
Kurkdjian

**English Pear &
Sweet Pea**
de Jo Malone

FRESIA

Especie *Freesia* – Iridáceas

Pocas plantas que se pueden encontrar en un supermercado poseen un perfume natural tan dulce y vital como la fresia.

Cuando la lleva a casa y las flores se abren, el aroma invade el espacio durante días, es imposible no notarlo. Sin embargo, incluso con este aroma intenso y característico, nadie ha logrado captarlo en un aceite natural para perfume.

En el mundo de la perfumería, la fresia se crea mediante un acorde imaginario, utilizando otras notas para captar la esencia de la flor. El aroma se suele obtener mediante un cuidadoso equilibrio entre notas florales y básicos como la rosa y el jazmín. Las notas afrutadas aportan una dulzura fresca, y se añaden acordes verdes y acuáticos para recrear la naturaleza orgánica de los pétalos de fresia. La clave está en captar la energía vital de la flor natural que se esparce por todo su hogar.

Los acordes de fresia suelen contener un ingrediente llamado linalool. Se trata de una molécula orgánicamente presente en numerosas flores y plantas, que puede incorporarse como aceite aromático para añadir una nota floral especiada a una fragancia. Sin embargo, es un alérgeno, por lo que su uso en perfumería es más restringido que el de otros ingredientes, y su inclusión debe figurar en el envase como advertencia para los consumidores.

———

Miembro de la familia de las iridáceas, el género *Freesia* es originario de África oriental y del sur, desde Kenia hasta Sudáfrica. Existen como mínimo 16 especies del género, que se amplió con la incorporación de especies que antes pertenecían al género *Anomatheca*. A pesar de ser originarias de África, muchas se dan bien al aire libre en climas más frescos, donde son populares como flores cortadas debido a su fragancia. Como es el caso de muchos otros miembros de la familia de las iridáceas, las fresias crecen a partir de cormos subterráneos, un tipo de órgano de almacenamiento vegetal similar a un bulbo.

LOS AROMAS ESENCIALES

Musc et Freesia
de E.Coudray

Fresia
de Santa Maria Novella

Ofrésia
de Diptyque

GERANIO

Especie *Pelargonium* – Geraniáceas

Originario de África del Sur, el geranio es una planta pequeña pero de gran importancia.

Disponible en una variedad de tipos, su aroma es claramente floral y muy parecido al de la rosa. Diferentes especies presentan matices diferentes: rosados, mentolados, terrosos y afrutados.

Actualmente, Egipto y China son los mayores productores de geranios, y ambos países generan una cantidad fenomenal de aceite esencial que a menudo se obtiene mediante destilación al vapor de las hojas de la especie *Pelargonium graveolens*. Se estima que, entre los dos países, más de 60 000 personas trabajan en la cadena de suministro del geranio.

Existen grandes diferencias de composición entre los aceites de geranio chinos y egipcios, aunque ambos son una fuente importante de geraniol, un componente del aceite de geranio: una nota luminosa en la paleta del perfumista que aporta un perfil olfativo claramente floral y con matices de rosa. A veces el geraniol se denomina «el perfume de las abejas» porque las abejas melíferas lo secretan para señalizar las flores que contienen néctar, entre otras cosas.

A pesar del hecho de que el rendimiento puede ser relativamente bajo, el geranio sigue siendo uno de los materiales más utilizados en perfumería y es un componente clave de muchas fragancias que definen el género, como el *Fougère Royale* de Houbigant y el *English Fern* de Penhaligon's.

El nombre de geraniol no proviene directamente del geranio, sino del pasto de camello (*Cymbopogon schoenanthus*). Existen más de 280 especies de *Pelargonium*, la mayoría de las cuales son originarias del sur de África. Varias de ellas se utilizan para perfumes, en especial el *P. graveolens*. El nombre de «geranio» es motivo de confusión, ya que el nombre común se suele referir al género *Pelargonium*, y no a su pariente cercano, el *Geranium*.

LOS AROMAS ESENCIALES

Fougère Royale
de Houbigant

Phul-Nana
de Grossmith

4pm Matinée
de Side Story

HELIOTROPO

Especie *Heliotropium* – Borragináceas

El heliotropo es un verdadero camaleón del mundo de la perfumería.

Puede ser etéreo, empolvado, dulce, incluso asemejarse a la almendra o la vainilla, y combinarse con diferentes ingredientes para resaltar cada una de sus cualidades olfativas ocultas. Es un clásico importante y lo vienen utilizando desde hace tiempo casas como Guerlain y Grossmith. A menudo aparece en las notas de fondo de una fragancia, actuando como fijador.

Originalmente, el heliotropo se extraía mediante el enflorado o *enfleurage* (una técnica empleada para capturar las fragancias y aceites de las plantas), aunque ahora es más común emplear la extracción con disolventes, que algunos consideran el equivalente moderno del enflorado. Sin embargo, el ingrediente que aparece en la pirámide olfativa de su perfume favorito bajo el nombre de heliotropo, en realidad es más probable que se trate de un compuesto aromático sintético llamado heliotropina, perteneciente a la familia de los aldehídos. Se descubrió en 1885 y se encuentra de forma natural en otros ingredientes como la vainilla. Su uso en perfumería está regulado por la IFRA (Asociación Internacional de Fragancias) debido a que puede resultar potencialmente perjudicial en grandes cantidades.

Debido a sus cualidades camaleónicas, resulta difícil caracterizar al heliotropo. Sin embargo, los perfumistas lo consideran parte integral de la familia floral, independientemente de sus características dulzonas y amaderadas.

Los heliotropos se llaman así por el hábito de sus flores de detectar el paso del sol por el cielo. Se encuentran en casi todo el mundo y existen más de 250 especies reconocidas de *Heliotropium*. Forman parte de la familia de las borragináceas, junto con la pulmonaria y el no-me-olvides. Algunas especies, como el heliotropo de jardín *H. arborescens* (un pequeño arbusto de flores moradas originario del Perú), son muy aromáticas. Muchas de ellas son tóxicas al ingerirse por la presencia de alcaloides pirrolizidínicos, que dañan el hígado.

LOS AROMAS ESENCIALES

Tindrer
de Baruti

Bohème
de Place des Lices

La Vie en Fleurs
de Bienaimé

LILA

Especie *Syringa* – Oleáceas

Muchos materiales naturales se obstinan en ponernos difícil la extracción de su fragancia.

En los últimos siglos, los avances en la síntesis nos han permitido disfrutar del aroma de plantas como la dulce lila, a pesar de esta dificultad.

Aunque es posible obtener un absoluto del arbusto caducifolio de lilas mediante la extracción con disolventes, se cree que las creaciones sintéticas son mucho más fieles a la flor en su estado natural. Por ello, la esencia de la flor raramente se utiliza en perfumería.

Con un aroma que recuerda al muguete, la lila aporta notas florales frescas, con matices suaves y empolvados. Aunque algunos creen que carece de elegancia por su uso masivo en productos comerciales de bajo coste, otros afirman que es capaz de rivalizar con la rosa o el jazmín, aportando un toque romántico que enriquece una fragancia.

Si esto último es cierto, está claro que la icónica casa francesa Caron está de acuerdo con ello, ya que su fragancia a base de lilas, *Fleur de Rocaille* (1934), se considera emblemática de su estilo y legado. El perfume *Idylle* de Guerlain (2009) presenta notas de lila en una fragancia pensada para el gusto contemporáneo, al tiempo que rinde homenaje al ilustre pasado de la casa.

———

La lila, del género *Syringa*, forma parte de la familia de las oleáceas, junto con el fresno, la alheña, el jazmín y el osmanthus. El género incluye al menos 12 especies, la mayoría originarias de Asia y solo dos de Europa: *S. josikacea*, que crece en los Cárpatos (considerada en peligro de extinción), y la *S. vulgaris*, la lila común, originaria de los Balcanes pero actualmente muy extendida. El nombre del género *Syringa* proviene del griego y significa «flauta»; se decía que era fácil vaciar las ramas de lila para fabricar flautas o siringas. La lila crece como un arbusto o árbol pequeño y produce flores de color malva de intenso aroma. A veces la madera presenta atractivas vetas violáceas, aunque el pequeño tamaño del árbol impide su explotación comercial.

LOS AROMAS ESENCIALES

Fleur de Rocaille
de Caron

Désarmant
de La Parfumerie Moderne

Totally White
de Parle Moi de Parfum

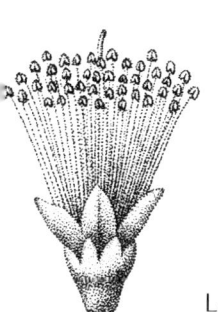

MIMOSA

Acacia dealbata – Fabáceas

La mimosa empezó a captar la atención de los perfumistas
con motivo de su introducción en Europa en el siglo XIX.

Es originaria de Australia, pero se popularizó en la Costa Azul francesa, no lejos de la capital mundial de la perfumería: Grasse.

El aceite perfumado de mimosa se extrae mediante disolventes volátiles, un proceso que produce un aceite absoluto. Sin embargo, el aroma del aceite es bastante diferente al de un árbol de mimosa en plena floración. Las hojas se destilan con las flores amarillas, lo que produce un atractivo tono verdoso y su famoso carácter empolvado. La mimosa posee también una calidad similar a la paja o al polvo.

Se suele emplear para el corazón de una fragancia, pero sus características verdes también se suelen percibir en las notas de salida de un perfume.

Actualmente la mimosa puede considerarse anticuada o *vintage*, ya que fue celebrada en numerosas fragancias soliflore (en las que destaca una flor específica) a principios del siglo XX. Ahora se utiliza junto con otras notas florales, como el jazmín o la rosa, para crear un acorde floral.

Es interesante mencionar que cada parte del árbol tiene un uso aromático. La corteza, las raíces y la resina se emplean para fabricar incienso.

———

La mimosa no pertenece al género *Mimosa*, sino al *Acacia*, un género con más de 1000 especies, en su gran mayoría originarias de Australia. La mimosa procede del sudoeste australiano (estados de Victoria y New South Wales), pero su popularidad como árbol ornamental se ha extendido por todo el mundo. Estas atractivas flores amarillas dan su nombre a un cóctel muy similar al Buck's Fizz. La confusión sobre la taxonomía del género *Acacia* ha generado incerteza sobre qué especies se emplean para la producción de aceite esencial de «mimosa». Es posible que los fabricantes incluyan otras especies de acacia en su lista de ingredientes, como la *A. decurrens*.

LOS AROMAS ESENCIALES

Modest Mimosa
de Vilhelm Parfumerie

Farnesiana
de Caron

Champs Élysées
de Guerlain

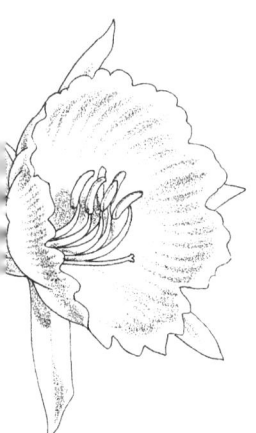

NARCISO
Especie *Narcissus* – Amarilidáceas

La mitología griega cuenta la historia de un hermoso
joven, hijo de un díos fluvial y de una ninfa.

Le llamaban Narciso y muchos le querían, pero él era incapaz de compartir su afecto con otros. Cuando rechazó a la ninfa Eco, los dioses decidieron castigarlo: al verse reflejado en las aguas de un manantial, se enamoró profundamente de su propia imagen. Tan fascinado estaba, que Narciso se inclinó hacia el agua, donde encontró su final y en su lugar nació una flor.

La flor del narciso proviene de la misma especie que el humilde narciso común. El nombre comparte la misma raíz que la palabra «narcótico», posiblemente en referencia a su aroma embriagador. Ofrece notas florales de carácter primaveral, con una cualidad verde y herbácea de matices frescos. Esta elegante esencia floral solo se encuentra en forma de absoluto, que se extrae mediante disolventes. Es conocida por ser fenomenalmente costosa, en gran parte por su bajo rendimiento. Se precisan unos asombrosos 500 kilogramos de flores de narciso para producir unos 300 gramos de absoluto.

El absoluto de narciso es un líquido espeso de aroma intenso conocido por combinar bien con otras notas florales como el ylang-ylang y el nerolí, así como notas de especias y maderas.

Existen al menos 75 especies de *Narcissus* —todas ellas parte de la familia de las amarilidáceas—, entre ellas el *N. pseudonarcissis*, originario de Europa occidental. Los bulbos y las hojas de la especie *Narcissus* son tóxicas debido a la presencia de alcaloides como la licorina. Sin embargo, los alcaloides del *Narcissus* también resultan útiles: el fármaco galantamina, que se usa para mitigar los síntomas del Alzheimer, se puede aislar a partir de ciertas especies. El narciso es la flor nacional del País de Gales, y la famosa fuente de inspiración del poeta William Wordsworth. Los narcisos silvestres (no los que se han escapado de algún jardín) son más escasos ahora que en tiempos de Wordsworth, debido a la recolección excesiva y a la agricultura intensiva.

LOS AROMAS ESENCIALES

The Revenge of Lady Blanche
de Penhaligon's

Jasmin
de Le Galion

Rituale
de Mendittorosa

OSMANTHUS
Especie *Osmanthus* – Oleáceas

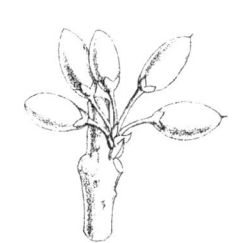

Esta atractiva flor es originaria de Asia y se cultiva
sobre todo en China, Japón y Malasia.

El osmanthus que usted huele en un perfume proviene de un concreto o absoluto que solo se produce en China y en Japón. De las múltiples especies de *Osmanthus*, la que más se emplea en perfumería es la *Osmanthus fragrans*, también conocida como olivo oloroso o jazmín de los poetas.

El rendimiento del concreto, cuando se extrae con alcohol para producir el absoluto, es increíblemente reducido (aproximadamente 1 kilogramo por 3000 kilogramos de flores). A veces se extrae también for enflorado o infusión. Es un proceso de extracción costoso y se precisan unos 720 kilogramos de flores para producir solo 750 gramos de absoluto.

La flor en sí posee tanto una nota afrutada como un matiz de cuero, además de su aroma floral comparable al del jazmín. La nota afrutada del osmanthus recuerda un poco al albaricoque o el melocotón, y esta cualidad la convierte en una de las pocas notas afrutadas naturales utilizadas en perfumería. Es una fragancia compleja,

que se suele emplear en acordes florales o ambarinos. Sin embargo, esta complejidad también le permite desempeñar el papel principal en una fragancia, y los perfumistas lo utilizan para crear misteriosos y embriagadores perfumes.

———

El *Osmanthus*, un género de al menos 26 especies de la familia de las oleáceas, se encuentra en toda el Asia, desde Turquía hasta Japón. El nombre del género significa «flor olorosa» en griego. Muchas de las especies son populares como ornamentales, pero la de cultivo más común es el *O. fragrans*, un arbusto originario de China, Japón y sudeste asiático, donde sus flores se usan para perfumar una variedad de alimentos y bebidas, entre ellos el té. Aunque tarda en madurar, puede cultivarse con éxito en climas más frescos, pero deberá ser protegido contra las heladas. El osmanthus de Yunnan, *O. yunnanensis*, resiste muy bien los climas fríos sin dejar de producir aromáticas flores.

LOS AROMAS ESENCIALES

**Osmanthe
Liu Yuan**
de Le Jardin Retrouvé

Amelia
de Grossmith

Love Osmanthus
de Atelier Cologne

VIOLETA

Viola odorata – Violaceae

La violeta era la flor preferida de Napoleón. Colocó un ramito sobre la tumba de su esposa Josefina porque ella las cultivaba en Malmaison.

Sus seguidores llevaban una violeta escondida cuando Napoleón fue exilado, y se le encontró un relicario con violetas encima cuando murió. Sin embargo, esta dulce y empolvada fragancia floral ya era popular en Francia mucho antes de la época napoleónica. De hecho, su uso en perfumería se remonta a mucho tiempo atrás, de cuando los primeros perfumistas de Oriente Medio destilaban aceite de violeta.

La destilación del aceite natural de violeta es un proceso costoso y difícil. Hacen falta unos 33 000 kilogramos de flores para obtener un solo kilogramo de aceite, por lo que la mayor parte de las fragancias de violeta utilizan una nota sintética para recrear el emblemático aroma. A finales del siglo XIX, unos químicos alemanes se dispusieron a aislar el componente que le da a la violeta su aroma: la ionona. Su descubrimiento cambió para siempre el mundo de la perfumería. Actualmente se utilizan iononas en numerosos perfumes; aunque en su mayor parte creados en el laboratorio, existen varios tipos y se encuentran de forma natural en muchos lugares. Por ejemplo, la ionona que se usa para crear el aroma del lirio se encuentra de forma natural en los pistachos y los tomates.

Las violetas son plantas de hojas perennes originarias de varias regiones de Europa, incluyendo Gran Bretaña, así como Irán y el noroeste africano. Se cultivan por sus flores aromáticas, no solo para su uso en perfumería, sino también para aplicaciones culinarias: se utilizan las flores en dulces y gelatinas, los pétalos se confitan para decorar pasteles o para añadirlos frescos a las ensaladas. Las violetas también son apreciadas por sus supuestas propiedades medicinales. Los preparados son remedios tradicionales para afecciones como la tos y las infecciones de garganta. Los estudios científicos indican que los preparados de hojas de violeta poseen propiedades antimicrobianas y antiinflamatorias.

LOS AROMAS ESENCIALES

Violette Kew
de Le Jardin
Retrouvé

Love in Black
de Creed

Insolence
de Guerlain

PEONÍA

Especie *Paeonia* – Peoniáceas

Las peonías, aparte de su asombrosa belleza, presumen de
un aroma naturalmente dulce y fresco que va del dulzón
similar a una rosa al cítrico.

Si alguna vez ha comprado un ramo en la floristería, se habrá fijado en que algunas huelen más que otras. En realidad se la considera una flor silente, lo que significa que aunque las peonías poseen aroma, este no se puede extraer como esencia ni aceite para su uso en perfumería. Los perfumistas deben recrear el aroma y evocar la sensación de la peonía de forma sintética, y esto se suele hacer mediante acordes.

La peonía se suele añadir a una fragancia para darle complejidad, haciendo que el aroma floral resulte menos lineal. Se suele emplear para crear fragancias afrutadas y florales, y el perfumista puede ajustar el acorde para obtener el resultado deseado. Además, se combina con maderas y cítricos para crear un perfume más masculino. La complejidad y la frescura de la peonía han contribuido a su creciente popularidad en el ámbito de la perfumería. Las tendencias hacia

fragancias florales frescas y contemporáneas siguen aumentando, y empresas como Jo Malone o Vilhelm Parfumerie y Floral Street están intentando crear sus propias fragancias de peonía.

Las peonías son plantas ornamentales populares que se suelen cultivar en jardines de zonas templadas. El nombre del género *Paeonia* se deriva del griego *Paeon*. El dios Peón era el médico de los dioses en la mitología griega, lo que apunta al uso tradicional de las peonías por sus propiedades medicinales. De hecho, las flores de la peonía común, *Paeonia officinalis*, se usaban tradicionalmente en Europa para tratar varias dolencias, desde enfermedades de la piel hasta reumatismo. La parte de la raíz de otras especies, entre ellas la *P. lactiflora* y la *P. ostii*, ambas originarias de China, se vienen empleando desde mucho tiempo atrás en la medicina tradicional china.

LOS AROMAS ESENCIALES

**N.º 3 Regina
di Peonie**
de Nesti Dante

Peonia Nobile
de Acqua di Parma

Wonderland Peony
de Floral Street

ROSAS

INTRODUCCIÓN A LA ROSA

Podemos afirmar que, aunque este libro estuviera dedicado en su totalidad a la emblemática rosa, apenas habríamos arañado la superficie de todo lo que se podría decir de ella.

Una de las bases más sólidas de la perfumería moderna, se suele decir que la rosa es «la reina de las flores» y se cree que las variedades modernas evolucionaron a partir de plantas similares a las rosas durante el periodo oligoceno, que finalizó hace unos 23 millones de años.

El uso de la rosa por su aroma se remonta a miles de años atrás. Se cree que el agua de rosas (una simple preparación de pétalos frescos remojados en agua) ya se utilizaba en China hacia el año 3000 e. c., y que los antiguos egipcios se bañaban en agua de rosas y esparcían sus pétalos para refrescar los ambientes.

No todas las rosas son aromáticas y gran parte del profundo amor del mundo moderno por la fragancia de esta flor se debe a la infinidad de matices disponibles en dos tipos comúnmente utilizados: *Rosa x damascena* y *Rosa x centifolia* (la rosa de Provenza o rosa de mayo, un híbrido de la rosa damascena).

Esta última se encuentra en la población francesa de Grasse, donde se procesa para obtener un absoluto que se considera uno de los materiales aromáticos más valiosos del mundo. El primer tipo se cultiva en múltiples países. A pesar de sus pétalos delicados, las flores, de intenso aroma, son muy resistentes y capaces de soportar múltiples métodos de extracción.

La estructura química de la rosa es una red compleja de compuestos volátiles que presentan una plétora de notas que van desde las ligeras y refrescantes hasta las ricas, melosas y suntuosas. Una base de rosa se puede reconstruir a partir de los componentes principales, pero una rosa natural puede llegar a contener más de 300 componentes, por lo que es muy apreciada y a menudo se prefiere.

Los costes de usar rosa natural pueden ser prohibitivos debido a la enorme cantidad de flores necesarias. El aceite esencial de *Rosa × damascena* requiere más de 4000 kilogramos de flores para producir un solo kilogramo de aceite, y el absoluto de rosa es igualmente costoso. Sin embargo, si es posible asumir los costes, la variedad de tipos extraídos,

junto con sus aromas de matices profundos, proporcionan una serie infinita de oportunidades creativas.

Como tal, la rosa forma el corazón de muchas de las fragancias más estimadas (y más vendidas), entre ellas el *N.º 5* de Chanel, *Shalimar* de Guerlain y *Miss Dior* de Dior. Aunque algunos consideran que la rosa es una fragancia pasada de moda, los cientos de nuevos lanzamientos que aparecen en el mercado año tras año sugieren que la omnipresencia de la rosa podría acompañarnos por mucho tiempo.

————

Pocas plantas que no dan alimento, combustible, fibra ni fármacos han recibido tanta atención por parte de horticultores y cultivadores a lo largo de los años como la rosa. Desde un punto inicial de al menos 278 especies verdaderas de rosas silvestres actualmente aceptadas, se han cultivado miles de variedades, muchas de ellas mediante una extensa hibridación de especies originarias de diferentes partes del mundo.

Las especies silvestres se distribuyen por todo el hemisferio norte y se han cultivado desde la antigüedad. La hibridación de la *Rosa gallica* y *R. moschata* llevó a las rosas de Damasco *R. x damascena*. Su asociación con la ciudad de Damasco no está clara, pero se dice que fueron los caballeros que regresaban de las cruzadas los que las llevaron a Europa.

Dependiendo de su origen, las rosas damascenas se llaman también búlgaras, turcas o de Taif. Durante el siglo XIX se desarrollaron nuevas variedades como las híbridas de té y las floribundas, pero estas se cultivaron por su aspecto, la fragancia era algo secundario; por tanto, las antiguas variedades siguen siendo la opción preferida de la industria de la perfumería. La emperatriz Josefina de Francia es considerada una de las mecenas más influyentes en el cultivo de rosas durante el siglo XIX, hasta tal punto que los barcos que transportaban nuevas variedades para su colección particular eran eximidos de los bloqueos impuestos a causa de las guerras napoleónicas.

El cultivo comercial se centra en la producción de flores cortadas, fragancias y sabores. La fragancia se obtiene a partir de las flores en varios formatos: esencia de rosa (aceite de rosa obtenido por destilación al vapor); absoluto de rosas (extracción con disolventes que produce un concreto que después se refina para eliminar la cera); y agua de rosas (ya sea el agua usada en la destilación al vapor o una infusión de pétalos). El aceite de rosa se compone principalmente de las sustancias citronelol, geraniol y feniletanol, aunque algunos compuestos, como las cetonas de rosa, presentes en muy pequeña concentración, tienen un efecto desproporcionadamente grande en la fragancia global.

Los escaramujos de algunas especies de rosa se consideran comestibles (y una excelente fuente de vitamina C en tiempos de escasez), así como los pétalos. El agua de rosas se usa de forma habitual para productos de repostería, como la delicia turca.

ROSA BÚLGARA
Rosa x *damascena*

El Valle de las Rosas de Bulgaria es un lugar frío y húmedo.

La primavera más fresca impide que la rosa forme una cera protectora, y la humedad produce una mayor saturación de aceite en la flor. La rosa búlgara es una de las variedades de rosa damascena, de aroma fresco, especiado y verde. Como muchas otras rosas, solo florece durante unas pocas semanas al año y la cosecha produce unas 450 toneladas de flores. El contenido de aceite de la flor es más elevado por la mañana, por lo que se recolectan temprano y con toda la rapidez posible, y la destilación debe realizarse inmediatamente después de la cosecha para aumentar al máximo el rendimiento. Se precisan unos 5000 kilogramos de flores para obtener 1 kilogramo de aceite, que se deja reposar tres meses para mejorar su aroma. Un kilo de aceite de rosa búlgara puede costar unos 15 000 dólares.

LOS AROMAS ESENCIALES

Joy
de Jean Patou

Rose Perfection
de Robert Piguet

Idylle
de Guerlain

ROSA TURCA
Rosa x *damascena*

La variedad turca forma parte del grupo de las rosas damascenas.

Su aroma es rico y aterciopelado, con un dulzor de miel, y recuerda antiguas fragancias. En Turquía las rosas se cultivan en Isparta, apelada «la ciudad de las rosas», que dedica casi 16 kilómetros cuadrados de terreno al cultivo de la rosa turca. La historia cuenta que en el siglo XIX los primeros esquejes de rosa turca fueron introducidos de contrabando desde Bulgaria, escondidos y protegidos dentro de un bastón. Turquía produce actualmente más de la mitad de las rosas damascenas de todo el mundo.

LOS AROMAS ESENCIALES

Rose Par Essence
de Les parfums de Rosine

Rose Load
de Boy Smells

Ella
de Arquiste

ROSA DE TAIF
Rosa x *damascena*

La rosa de Taif es otro miembro del grupo de las rosas damascenas.

Recibe su nombre por la región donde se cultiva en Arabia Saudí: Taif. Posee semejanzas con la rosa búlgara y crece en las colinas, donde la altitud y el clima más fresco contribuye a su distintiva fragancia. El aroma de la rosa de Taif es rico y profundo, con notas de té y empolvadas. La rosa de Taif representa la nobleza en el Medio Oriente. Cada flor produce 30 pétalos. Dedibo a su rareza, se precisan entre 10 000 y 15 000 flores para obtener una pequeña «tolah» (un frasquito de aceite de 11,7 gramos), que suele ser una opción popular como regalo de boda.

LOS AROMAS ESENCIALES

Rose de Taif
de Perris Monte Carlo

Taif Aoud
de Roja Parfums

Pantheon M Extrait
de Pantheon Roma

ROSE DE MAYO/ ROSA CENTIFOLIA

Rosa x *centifolia*

Originaria de Grasse, la capital del perfume, la rosa de mayo es uno de los ingredientes más infrecuentes y más valorados del mundo de la perfumería.

Su aroma se considera más delicado que el de otras rosas: dulce, delicado y parecido a un ramo de flores frescas. La rosa de mayo o centifolia florece solo durante 14 días al año. La escasez y la calidad de esta variedad hace que 1 kilo de aceite, cuya producción precisa 1 tonelada de flores, valga unos 25 000 dólares. Se rumorea que Chanel posee el monopolio de estas flores y sus jardines, pero, a medida que surgen nuevos campos independientes en toda Grasse, este no es el caso. Dicho eso, y a causa de su altísimo coste, no encontrará esta rosa en cualquier perfume.

LOS AROMAS ESENCIALES

Betrothal
de Grossmith

Rose de Mai
de Perris Monte Carlo

N°5
de Chanel

FLORES
BLANCAS

JAZMÍN DE ARABIA

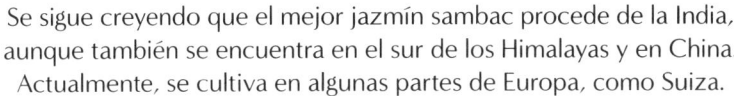

Jasminum sambac – Oleáceas

Se sigue creyendo que el mejor jazmín sambac procede de la India,
aunque también se encuentra en el sur de los Himalayas y en China.
Actualmente, se cultiva en algunas partes de Europa, como Suiza.

La valiosa flor tiene gran importancia en las ceremonias religiosas de la India, aunque su uso en la perfumería es muy posterior a estas tradiciones. Su aroma es más rico que el de otras variedades, con una calidad dulce, mantecosa y melosa.

La producción goza de gran vitalidad en Madurai, una ciudad del sur conocida como «la capital del jazmín de la India». Se precisa alrededor de una tonelada de flores frescas para producir 1 kilogramo de absoluto de jazmín sambac, y 1 kilogramo de flores frescas contendrá entre 5 000 y 6 000 capullos. La fragancia está en su mejor punto cuando la flor se ha abierto, pero los mercados prefieren los capullos, no las flores abiertas, porque una vez adquiridos, los capullos se reparten por la fábrica hasta que florecen, tras lo cual están listos para ser procesados.

El jazmín de Arabia es muy codiciado y, en su punto máximo, el aceite puede costar hasta diez veces más que el de otras variedades de esta pequeña flor blanca, convirtiéndolo en uno de los aceites más caros del mundo.

Existen aproximadamente 200 especies de jazmín -parte de la familia de las oleáceas- distribuidas por toda África, Asia y Australia. El jazmín de Arabia o sambac es originario de la India, aunque se cultiva en gran parte de Asia e incluso en lugares más lejanos. El nombre común de jazmín de Arabia se debe a su popularidad en ciertos países árabes. También es culturalmente significativo en numerosos países asiáticos; por ejemplo, es la flor nacional de Filipinas. El aceite esencial obtenido por la destilación de las flores se compone principalmente de acetato de bencilo. Además de ser ornamental y fuente de fragancia, las flores se emplean para elaborar el té de jazmín.

LOS AROMAS ESENCIALES

Jasmine Sambac & Marigold Intense
de Jo Malone

J'Adore
de Dior

Alien
de Mugler

JAZMÍN REAL
Jasminum grandiflorum – Oleáceas

El *Jasminum grandiflorum,* aunque originario de la India, se cultiva actualmente en todo el mundo.

Se distingue del jazmín de Arabia o sambac por sus cinco largos pétalos. Posee un aroma casi narcótico: dulce, verde y con una sutil nota animálica.

Para crear el aceite hay que recolectar las flores por la mañana temprano. Así se evita que los pétalos, que se abren de noche, se quemen por la luz del sol. Casi todas las mañanas, un recolector recoge 2 kilogramos de flores. Para darle contexto al tema, cada kilo contiene unas 8000 flores. Se precisan 800 kilogramos de flores frescas para obtener 1 kilogramo de concreto, que a su vez produce solo unos 600 gramos de aceite absoluto. No hace falta decir que se trata de un aceite natural muy costoso.

Parte del mejor *J. grandiflorum* proviene de la capital del perfume, Grasse. Pero lo que muchos no saben es que a mediados del siglo xx una gran parte del cultivo de la flor de Grasse se trasladó a lugares donde el proceso resultaba más barato, como Egipto e Italia. Sin embargo, se está dando un renacimiento en Grasse con la aparición de un mayor número de cultivadores independientes.

―――――

El nombre de la especie, *grandiflorum,* significa «flores grandes» en latín. Entre los nombres comunes están el jazmín real o jazmín español -aunque la especie no es originaria de España y crece desde el África oriental hasta los Himalayas. En la India su uso principal es medicinal y en Occidente se emplea para la producción de aceite esencial. Un grupo de compuestos químicos llamados jasmonatos, aislados del *J. grandiflorum*, son hormonas vegetales que se encuentran en muchos tipos de plantas. Son importantes para la respuesta de la planta ante heridas e infecciones, coordinando sus mecanismos de defensa.

LOS AROMAS ESENCIALES

Joy
de Jean Patou

Jasmin Des Anges
de Christian Dior

Pure Extrême
de Parfums M. Micallef

NEROLÍ

Citrus x aurantium – Rutáceas

El nerolí es el aceite esencial destilado de las flores del naranjo amargo. El olor es una combinación perfecta de aroma floral calmante y el dulzor de la naranja.

En ocasiones llamado «bigarade de nerolí», se precisan más o menos 1,5 millones de flores para producir un único kilogramo de aceite esencial. Un importante productor de fragancias calculó recientemente que solo para cubrir sus propias necesidades necesitaban unas 1500 personas para recolectar a mano las flores.

La producción de nerolí es asimismo un proceso sensible al tiempo. La cosecha dura alrededor de un mes y la flor debe destilarse inmediatamente para evitar notas desagradables en el resultado final. Sin embargo, realizado correctamente, la fragancia resultante es de una increíble intensidad. Su gran cualidad difusiva suele ir acompañada por una corta duración, por lo que se utiliza sobre todo como nota de salida.

La producción requiere mucha mano de obra y eso, junto con el bajo rendimiento, hace que el nerolí sea un producto costoso. A pesar de ello, sigue siendo una de las notas «florales» más populares de la perfumería moderna. Los beneficios de la planta no acaban con el nerolí. El naranjo amargo es una planta maravillosa y tras la rápida producción de nerolí, los destiladores trabajan con sus ramitas y hojas para obtener «petitgrain», y también con la cáscara de la fruta.

Tras el proceso de producción del aceite esencial, el agua de destilación retiene cierta fragancia, que se vende como agua de azahar para su uso en repostería. El limoneno, que compone más del 90 por ciento del aceite de naranja, es un componente químico menor del nerolí; contiene otros terpenoides, como el linalool y el pineno, en concentraciones mayores.

LOS AROMAS ESENCIALES

Neroli Portofino
de Tom Ford

Neroli Blanc
de Au Pays de la Fleur d'Oranger

Solar Blossom
de Mizensir

MUGUETE
Convallaria majalis – Aspargáceas

Es difícil creer que una de las fragancias florales más emblemáticas de la perfumería, que alcanzó la fama gracias a perfumes como *Diorissimo* de Dior o *Lily of the Valley de Floris* (una de las fragancias más antiguas todavía presentes en el mercado), raramente se utiliza en su forma natural.

Aunque técnicamente se puede extraer aceite del muguete (o lirio de los valles), la cantidad de mano de obra que se precisa para recolectar las pequeñas flores lo convierte en un proceso costoso. Además, el aceite resultante se considera tan diferente del aroma de la flor natural, que los perfumistas recurren a alternativas con nombres tan memorables como «trimetilbenceno-propanol». Por esta razón el muguete se considera una flor muda.

En la naturaleza (y en las recreaciones sintéticas exactas), la fragancia del muguete es floral y fresca, con un carácter claramente verde y primaveral. Es una inspiración habitual para los perfumes «soliflore», fragancias compuestas para evocar el aroma de una única materia prima. Asimismo se encuentra como nota de salida en numerosos perfumes más ricos, aportando una sensación de ligereza a la composición.

Es una flor que se ha convertido en sinónimo de la primavera y suele considerarse como un talismán de la suerte, de prosperidad o nuevos inicios.

———

El muguete es originario de partes de Europa, incluyendo Gran Bretaña, hasta el Cáucaso. El nombre del género, *convallaria*, alude al latín *Convallis*, que significa «valle», donde las plantas crecen en estado natural. El muguete se cultiva como planta ornamental de jardín que suele florecer en mayo, por eso otro de sus nombres es lirio de mayo. En medicina tradicional, el muguete se empleaba por su supuesta capacidad de fortalecer la memoria y para ciertas afecciones cardíacas. Esta especie contiene unas sustancias químicas llamadas glucósidos cardíacos capaces de afectar la función del corazón y por tanto el muguete puede resultar tóxico si se ingiere.

LOS AROMAS ESENCIALES

Diorissimo
de Dior

Lily of the Valley
de Floris

Aire
de Loewe

NARDO

Agave amica – Aspargáceas

No podríamos olvidarnos del nardo en este libro. Sería
como dejar de mencionar la rosa, el jazmín o el sándalo.

Conocido como «la flor carnal», la pequeña flor blanca del nardo desprende un aroma embriagador que permanece en una estancia durante días. El olor de la flor al principio es casi medicinal, pero pronto se transforma en algo floral, meloso y cremoso.

Es sumamente costoso: la producción de 1 kilogramo de aceite requiere unos 7000 kilos de flores. Además, el nardo tiene que ser recolectado a mano por la mañana, cuando la flor se abre, y la planta en sí misma es bastante exigente: prefiere un entorno limpio y libre de malas hierbas. Por suerte, dada su intensa fragancia, no se necesita gran cantidad para causar un impacto en un perfume. Pero convertirlo en el protagonista es puro lujo.

En un principio el aceite natural se extraía por enflorado, un proceso que algunos puristas siguen utilizando. Hoy día es posible extraerlo mediante disolventes volátiles. Aunque ha desapareci-do en parte de las colinas de Grasse por su bajo y costoso rendimiento, el nardo se ha vuelto a introducir y está experimentando un resurgimiento en la región.

Debido al elevado precio de la flor, numerosas marcas optan actualmente por una nota artificial de nardo.

———

El nardo, que anteriormente llevaba el nombre científico de *Polianthes tuberosa*, ha sido recientemente incorporado a la familia del género *Agave*, de la familia de las aspargáceas. Comparte este género con la *Agave tequilana*, con la que se elabora el tequila. El nardo es originario del sur de México. Tiene una pequeña roseta de hojas de la que crece un tallo que llega hasta los 1,2 metros de altura y unas flores blancas de intenso perfume que florecen en verano. Desarrolla unos tubérculos subterráneos que almacenan agua y nutrientes; al igual que la mayoría de los agaves, sus hojas son suculentas y también almacenan agua.

LOS AROMAS ESENCIALES

Fracas
de Robert Piguet

Carnal Flower
de Dominique
Ropion for Fréderic
Malle

Tubéreuse Trianon
de Le Jardin
Retrouvé

GARDENIA

Especie *Gardenia* – Rubiáceas

La gardenia es una flor blanca de poderosa presencia,
pero, en comparación con otras, llegó relativamente
tarde al mundo de la perfumería.

Inició su recorrido por el mundo del perfume a principios del siglo xx, lo que resulta curioso porque siempre la hemos percibido como un clásico.

Como muchas otras flores delicadas, la gardenia no produce resultados con la destilación por arrastre de vapor, por lo que en el pasado empleaban el enflorado. Actualmente se suele extraer con disolventes volátiles, que producen un concreto. Al igual que otras muchas especies de esta sección, se precisan unos 4000 kilogramos de flores para obtener 1 kilogramo de concreto, por lo que no resulta barato. Debido a ello, en perfumería se suele utilizar una nota sintética de gardenia. Los perfumistas utilizan otros aromas florales para crear acordes similares a la gardenia, como el azahar y el nardo.

La gardenia tiene un aroma floral característicamente rico y blanco. Es cremoso, sensual y se dice que posee propiedades calmantes y que contribuye a aliviar el estrés y la ansiedad. El aroma es intenso, como sabrá si alguna vez ha comprado un arbusto de gardenias; el perfume de la flor puede llenar todo un espacio.

Originaria de una región que se extiende desde África hasta el sudeste asiático, Australia y varias islas del Pacífico, el género *Gardenia* tiene al menos 127 especies, que forman parte de la familia del café. Una de las especies que más se cultiva es la *G. jasminoides*, originaria del este y sudeste de Asia. El género fue nombrado por Alexander Garden, un botánico del siglo xviii. Muchas especies de gardenia producen una resina o goma que se cree es disuasoria para potenciales animales herbívoros. Algunas especies, sobre todo las originarias de islas pequeñas, están en peligro de extinción en su estado natural.

LOS AROMAS ESENCIALES

Narciso
de Narciso Rodriguez

Boutonnière No. 7
de Arquiste

Baciami
de Bvlgari

DATURA

Especie *Datura* – Solanáceas

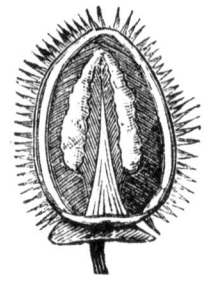

Este es un ingrediente del que al parecer deberíamos huir, en lugar de aplicarlo sobre la piel. La datura es conocida por ser venenosa y alucinógena, entonces, ¿cómo acabó en el mundo de la perfumería?

A menudo denominada «trompeta de ángel», las flores de la datura florecen de noche. Cuando se abren desprenden un aroma embriagador, de un maravilloso dulzor meloso. Por suerte ahora se produce de forma sintética, ¡para que no tenga que correr el riesgo de tener una mala reacción a su perfume favorito!

A lo largo de la historia, las flores de la datura han sido esenciales para numerosas culturas. Algunas la consideran sagrada y la usan en ceremonias, pues creen que posee propiedades divinas o mágicas.

Si tenemos en cuenta que el aroma que se utiliza es sintético, no es extraño que algunas personas se muestren un tanto cínicas en cuanto a su uso en la perfumería. Los aromas sintéticos son una gran herramienta; sin embargo, podría crearse un aroma floral blanco, dulce y meloso, de la misma riqueza, con otros acordes. Sea cual sea su uso, la mayoría

de los perfumistas la utiliza para añadir misterio o intriga a la historia de un perfume, jugando con su mitología. Dicho eso, todas las fragancias que hemos probado son sublimes.

———

Uno de los nombres populares para la *Datura stramonium* es "manzana espinosa", por su fruto cubierto de espinas. Otros son estramonio, berenjena del diablo, higuera loca o mala *hierba de Jamestown*, por los efectos intoxicantes que produjeron en los soldados que intentaban acabar con la rebelión de Nathaniel Bacon en Jamestown, Estados Unidos, en el siglo XVII. Tradicionalmente las hojas de estramonio se fumaban en cigarrillos, porque se creía que aliviaban ciertas afecciones respiratorias. Aunque el estramonio es venenoso, la planta contiene sustancias químicas que han derivado en fármacos para tratar dolencias como los espasmos intestinales.

LOS AROMAS ESENCIALES

Secrète Datura
de Maître Parfumeur et Gantier

Datura Blanche
de Keiko Mecheri

Mon Paris
de Yves Saint Laurent

FRANGIPANI
Especie *Plumeria* – Apocináceas

Frangipani o franchipán es el nombre común que se da a varias especies de *Plumeria,* una flor caducifolia de embriagador aroma, capaz de evocar imágenes de paisajes tropicales, climas cálidos y frutas exóticas.

Existen numerosas historias de por qué se dio el nombre de frangipani a la *Plumeria,* y la mayoría de ellas hacen referencia a un noble italiano conocido como marqués de Frangipani, de quien se dice fue la inspiración para el apodo al crear un aroma para guantes de cuero (una práctica popular en el siglo XVI). Sin embargo, muchos aspectos de los relatos etimológicos resultan conflictivos o no se han podido demostrar.

Lo que sí es innegable es que el frangipani posee muchos puntos de importancia cultural en todo el mundo. A menudo se lo asocia con templos y rituales, es la flor nacional de Laos —donde se conoce como *dok champa*— y, en Bali, está profundamente ligado a la cultura de la isla. Muchas personas la consideran una flor sagrada, cuyos cinco pétalos simbolizan los cinco elementos del universo: tierra, agua, fuego, aire y éter.

Su aroma recuerda el de la flor de azahar y la gardenia, con tonos cremosos que se combinan con una nota afrutada que evoca el aroma del melocotón y los cítricos. Se utiliza habitualmente como nota de corazón que le da un carácter tropical a la fragancia.

La *Plumeria* forma parte de la familia de las apocináceas y actualmente existen al menos 18 especies aceptadas, distribuidas por las zonas tropicales de América Central, con un importante centro de diversidad en Cuba. La mayoría de las especies crecen como arbustos o pequeños árboles, con flores de cinco pétalos que se solapan en forma de molinillo. A pesar de sus orígenes americanos, el frangipani se ha naturalizado en gran parte de los trópicos. Como ocurre con otros miembros de la familia de las apocináceas, los árboles de frangipani exudan un látex lechoso y tóxico al ser cortados, por lo que debe evitarse su contacto con la piel.

LOS AROMAS ESENCIALES

Frangipani
de Ormonde Jayne

Sydney Rock Pool
de Arquiste

Vanori
de Sylvaine Delacourte

YLANG-YLANG
Cananga odorata – Anonáceas

Antiguamente considerada una alternativa menos costosa al jazmín, esta cremosa flor blanca ha cobrado gran importancia en la industria de la perfumería, y se calcula que está presente en más de un tercio de todas las fragancias del mercado. Incluso forma las notas de corazón del perfume más famoso del mundo, el *N.º 5* de Chanel.

El perfumista que lo creó, Ernest Beaux, declaró que el ylang-ylang era el que «ataba» la creación, permitiéndole usar las elevadas dosis de aldehídos que hacen que el perfume se suba a la cabeza como el champán.

Las flores se encuentran a gusto en un clima cálido y los árboles que las producen pueden alcanzar los 30 metros de altura. Suelen vivir hasta 50 años, sin dejar de dar flores, aunque el rendimiento va bajando al cabo de 25 o 30 años. Las flores se recolectan por la mañana, cuando el aroma se encuentra en su mejor momento. Un recolector puede recoger 20 kilogramos de flores al día y el rendimiento en aceite aromático es relativamente elevado.

El ylang-ylang se encuentra a medio camino entre el nardo y el jazmín. Es cremoso, afrutado y un poco animálico. En grandes cantidades puede tener una cuali-dad medicinal. Se suele combinar con otras esencias de flores para crear un bouquet, o con vainilla para darle brillo.

Originario del sudeste asiático y Australia, el árbol del ylang-ylang, de rápido crecimiento, forma parte de la familia de las anonáceas. El término *odorata* significa «aromático» en latín. De las flores se destila un aceite esencial que, según sea su cualidad, se separa en múltiples grados. La primera fracción, la de mayor calidad, se conoce como «ylang-ylang extra» y compone hacia el 40 por ciento del rendimiento total. La composición del aceite es una compleja mezcla de terpenoides y otros pequeños compuestos volátiles, entre ellos el pineno, linalool, geraniol, benzoato de metilo y acetato de bencilo. El nombre de ylang-ylang se comparte con otras especies de la familia de las anonáceas, como el ylang-ylang trepador *Artabotrys hexapetalus*.

LOS AROMAS ESENCIALES

N°5
de Chanel

Diorissimo
de Dior

Ylang in Gold
de Parfums M. Micallef

MADRESELVA

Especie *Lonicera* – Caprifoláceas

Dulce, embriagadora y característica, la madreselva se suele comparar con el jazmín porque comparten una serie de sustancias en su composición. Muchos afirman detectar matices de vainilla o incluso de miel.

El aroma de la madreselva se intensifica al anochecer y durante toda la noche para atraer a los polinizadores.

Aunque es posible obtener un absoluto de madreselva, el aroma resultante es diferente al de la flor. Por ello la madreselva se considera una flor «muda» o «silente», y se suele replicar con otros materiales o mediante la técnica de *headspace*.

Desarrollado en la década de 1980, el método headspace es una técnica de separación con la que se pueden extraer materiales volátiles de una muestra más densa para ser analizados y determinar sus concentraciones. Actúa como una especie de «cámara de aromas» y permite a los perfumistas observar cómo se construye el aroma de un material natural, para recrearlo después por otros medios.

Existen innumerables fragancias que emplean la evocadora madreselva, pero cabe mencionar el notable uso que se hace de ella en el *Caprifoglio* de Santa Maria Novella, inspirado en la enredadera madreselva y en cómo esta puede simbolizar los entresijos del amor.

———

Actualmente existen al menos 158 especies de madreselva aceptadas, que se extienden por gran parte del hemisterio norte. En Gran Bretaña, la especie nativa que más abunda es la *Lonicera periclymenum*, la madreselva de los bosques. Varias otras especies se han naturalizado en Gran Bretaña, como la madreselva perfoliada, *L. caprifolium*, o la madreselva japonesa, *L. japonica* (considerada una especie invasora). Estas crecen como enredaderas con flores de aroma dulce; como sugiere su otro nombre de «chupamiel», el néctar dulce, considerado comestible en ciertas especies, se succiona de las flores. La planta produce el néctar para atraer a insectos polinizadores, en especial mariposas, polillas y abejas.

LOS AROMAS ESENCIALES

Caprifoglio
de Santa Maria
Novella

Nectar
de Commodity

Club Tokyo
de Roads

FRUTAS

RUIBARBO

Rheum x *hybridum* – Poligonáceas

En perfumería, muchas notas de frutas o verduras
se crean de forma sintética, como el caso del ruibarbo;
el perfumista tiene varias opciones a las que recurrir.

La casa de fragancias Firmenich tiene un popular ingrediente sintético llamado Rhubofix® que se utiliza para crear el aroma de ruibarbo. Rhubofix® se emplea comúnmente en perfumes y para aromatizar detergentes y suavizantes para la ropa. Es amaderado, especiado, floral y afrutado, y su fresco y cítrico aroma es perfecto para reproducir la esencia del ruibarbo.

Las notas de ruibarbo están de moda y son cada vez más populares. Aportan un dulzor fresco a una fragancia que resultaría más lineal preparada con cítricos u otras notas florales. Realmente es como una tarta de ruibarbo: una armoniosa combinación dulce y ácida a la vez. Combina bien con flores, en especial las blancas o empolvadas y rosas, pero también con lavandas herbáceas y notas especiadas como la canela o el jengibre.

El ruibarbo que se cultiva actualmente es probablemente un híbrido de dos especies diferentes, una originaria de Bulgaria y la otra de Siberia. La planta necesita inviernos fríos para prosperar, por lo que gran parte de la que se cultiva en el Reino Unido proviene de Yorkshire. Los tallos (o peciolos) pueden comerse crudos o cocidos, y tienen un sabor ácido que es popular para tartas o servido con natillas. El ruibarbo a menudo se «fuerza», es decir, se cultiva minimizando su exposición a la luz para que desarrolle tallos más grandes y dulces. Históricamente la recolección se hacía a la luz de las velas. Aunque los tallos son comestibles, las hojas son muy venenosas debido al ácido oxálico que contienen.

LOS AROMAS ESENCIALES

Electric Rhubarb
de Floral Street

Delina
de Parfums de Marly

Delicious Rhubarb & Rose
de Molton Brown

GROSELLA NEGRA
Ribes nigrum – Grosulariáceas

La grosella negra tiene doble presencia en la paleta de un perfumista. En primer lugar como brote, que aporta una mezcla de notas verdes, amaderadas, afrutadas y balsámicas. En segundo lugar como el fruto, que se encuentra a menudo en creaciones afrutadas y florales, aportando notas dulces y jugosas a la fragancia.

El brote de grosella negra da típicamente un aceite de fragancia natural, obtenido mediante extracción con disolventes de los brotes. En cambio, como muchas notas afrutadas, el fruto de la grosella negra se recrea habitualmente de forma sintética. Para 1 kilogramo de aceite absoluto se requieren 30 kilogramos de brotes. La mayoría se cultivan en la Borgoña francesa, y se calcula que más de dos tercios del total de los brotes de grosella negra que se producen son para el mercado de la perfumería.

Los perfumistas deben ir con cuidado al utilizar este ingrediente. Imparte unas notas aromáticas y afrutadas pero, mal usado, sus facetas verdes pueden dominar, y sus cualidades animálicas pueden resaltar y desprender olores de humedad, orina o sudor: imagínese una bala de heno que se ha dejado bajo la lluvia.

El brote de grosella negra hace tiempo que está presente en la perfumería, pero el uso del fruto ha aumentado con la popularidad de las fragancias más afrutadas.

———

Miembro de la familia de las grosulariáceas, la grosella negra es popular en el norte de Europa y se consume cruda, cocida para postres, como mermeladas o confituras, en licores y bebidas de zumo concentrado. Las bayas contienen vitamina C y unas sustancias químicas llamadas antocianinas que les dan su color morado (conocido por dejar manchas difíciles de quitar). Aunque antiguamente las grosellas negras fueron populares en Estados Unidos, una ley de 1911 prohibiendo su cultivo hizo que cayera en el olvido. La ley se promulgó para combatir el hongo de la roya ampolla, una plaga que estaba diezmando los bosques de pinos blancos del país, y que los arbustos de grosella negra pueden albergar.

LOS AROMAS ESENCIALES

Mixed Emotions
de Byredo

L'Ombre dans l'Eau
de Diptyque

Vocalise
de Maître Parfumeur et Gantier

MELOCOTÓN
Prunus persica – Rosáceas

Fresco, dulce, jugoso y delicado. Solo con pensar en morder un melocotón maduro, casi percibimos el aroma de la suculenta fruta. Por eso no es de extrañar que a los perfumistas les encante incorporar ese dulce aroma a sus creaciones.

Existen más de 700 variedades de melocotón en el mundo, cada una con sus propias características. Sin embargo, incluso con todas estas variedades y el maravilloso aroma de la fruta, es imposible obtener un aceite esencial natural de melocotón para usar en perfumería, por lo que hay que recurrir a las fragancias sintéticas.

La fragancia más común para imitar la del melocotón es el aldehído C14, que en realidad no es un aldehído, sino un compuesto orgánico llamado lactona. Se cree que fue descubierto en 1908 y poco después fue adoptado para la creación de perfumes, como el famoso *Mitsouko* de Guerlain. Al poco tiempo, marcas como Caron lo incorporaron a sus fragancias. Para la década de 1950 ya era un ingrediente muy popular y hoy día sigue teniendo una gran presencia en el órgano de un perfumista. El aroma del aldehído C14 se acerca tanto al de un melocotón real que algunos lo llaman «el aldehído melocotón». Esta fruta también se recrea a veces con un acorde de ingredientes naturales.

El melocotón, que comparte el género *Prunus* con las almendras, las ciruelas y las cerezas, se cree que se origina en el norte de la China en lugar de Persia, como su epíteto específico indicaría. Aunque se ha extendido a muchos otros países, el melocotón no es fácil de cultivar: los árboles solo prosperan en unos climas muy concretos y con la cantidad justa de precipitaciones. No ayuda que el árbol tenga una vida corta y que sea propenso a las plagas y enfermedades. Desde el punto de vista botánico, el melocotón es tan parecido a la almendra que con sus huesos molidos se puede preparar un sucedáneo de mazapán.

LOS AROMAS ESENCIALES

Peau de Pêche
de Keiko Mecheri

Gucci Rush
de Gucci

Osmanthe Liu Yuan
de Le Jardin Retrouvé

ALBARICOQUE
Prunus armeniaca – Rosáceas

El aroma del albaricoque es como un suculento rayo de
sol. El aroma de la fruta suele describirse como casi floral,
además de dulce y jugoso. Es más delicado que muchas otras
notas afrutadas, pero tiene carácter. Su matiz floral combina
maravillosamente con notas florales.

El aroma de esta fruta se crea de
forma sintética. Si se encuentra
con información sobre un aceite
natural, lo más probable es que provenga
de la semilla, que se usa en otros contex-
tos, por ejemplo el de la cosmética. Con
su dulce frescura, el albaricoque suele
aparecer en las notas de salida, aportando una nota afrutada casi aterciopelada.
Mezclado con aromas florales crea una
delicada y femenina fragancia, o algo
más suculento cuando se combina con
vainilla en un gourmand (una fragancia
que huele a algo comestible). Combinado con maderas adquiere una cualidad
más sensual, y con almizcle conserva
su delicadeza. «Aterciopelado» es un
término apropiado; es casi etéreo. La
sensualidad que aporta es única entre las
notas afrutadas. Esta cualidad distintiva
puede ser la razón por la que aparece
sobre todo en fragancias femeninas.

Algunos perfumes usan una nota sintética para evocar la flor del albaricoque-
ro. Al igual que la del cerezo, se trata más
de una representación de las agrupacio-
nes de flores que de captar su aroma.

Otro *Prunus* con un nombre engañoso:
tal vez el albaricoque no sea originario
de Armenia, como antes se pensaba, sino
de Asia Central. Resulta confuso que varias otras especies de *Prunus* se denomi-
nen albaricoque en diferentes partes del
mundo, aunque la *P. armeniaca* es la más
cultivada. Como ocurre con muchas especies de *Prunus*, el hueso tiene un sabor
parecido al de la almendra por el compuesto químico benzaldehído; los fabricantes del licor amaretto a veces utilizan
huesos de albaricoque en lugar de
almendra porque resultan más económicos. No obstante, primero debe eliminar-
se la amigdalina, una sustancia tóxica.

LOS AROMAS ESENCIALES

Apricot Privée
de Phlur

Belfiore
de Oman Luxury

Trésor
de Lancôme

CEREZA

Prunus avium – Rosáceas

A medida que nos adentramos en las frutas empleadas en perfumería, empezará a detectar una tendencia. Con frecuencia, las notas afrutadas son sintéticas, y esto se debe a que resulta increíblemente difícil, y en algunos casos imposible, extraer la fragancia natural de una fruta. La principal excepción son los cítricos.

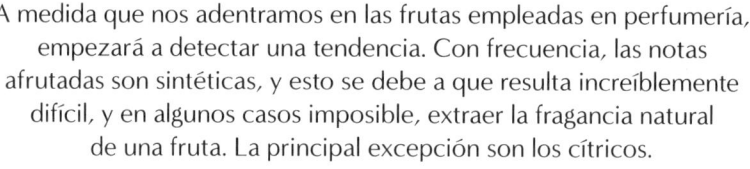

La cereza es una nota que siempre será sintética. Aunque la fruta tiene olor, los compuestos que crean su reconocible fragancia son delicados y por ello difíciles de captar con los medios de extracción comunes. La cereza se suele imitar con acordes afrutados y florales, o con ingredientes como la acetofenona y el benzaldeído, ambos compuestos orgánicos aromáticos que se encuentran en otras frutas como la manzana y el albaricoque.

Resulta interesante que la humilde cereza sea también fuente de compuestos orgánicos utilizados en perfumería. Sin embargo, casi todos los ingredientes procedentes de las cerezas se emplean para recrear notas florales o empolvadas, en lugar de afrutadas.

Casi no es necesario mencionar qué espera conseguir el perfumista añadiendo una nota de cereza a una fragancia: una nota jugosa y afrutada, dulce y ácida a la vez, que aporte un toque gourmand a cualquier perfume.

―――――

Originario de Europa, el cerezo dulce es un árbol de gran tamaño con atractivas flores. Produce pequeños frutos (drupas) a los que los pájaros son muy aficionados; el apelativo *avium* viene del latín para «pájaro». La cereza ácida popular en la cocina de Europa del Este proviene de una especie diferente (*P. cerasus*). La madera del árbol es muy valorada por su tonalidad y por ser fácil de trabajar. Al igual que muchas otras especies del género *Prunus*, los huesos de las cerezas contienen una sustancia química llamada amigdalina, que las enzimas del cuerpo descomponen en cianuro.

LOS AROMAS ESENCIALES

Aeternitas
de Franck Muller

Lost Cherry
de Tom Ford

Major Me
de Paco Rabanne

FRAMBUESA

Rubus idaeus – Rosáceas

Una fruta veraniega con un equilibrio perfecto entre dulce y ácido, la frambuesa tiene una aroma afrutado que también recuerda al del heno. Probablemente esto se debe a su contenido natural en ionona, un compuesto aromático que se halla en flores como la violeta, pero también en el heno.

Las notas de frambuesa en perfumería suelen crearse con elementos sintéticos, como por ejemplo la «cetona de frambuesa», a menudo denominada «frambiona», que también se emplea como aditivo alimentario. La cetona de frambuesa se encuentra de forma natural en numerosas bayas, así como en la miel, el café e incluso la carne de vacuno. Su aroma es a la vez afrutado y empolvado. Sin embargo, existen otros ingredientes sintéticos, incluyendo los fabricados en el laboratorio, que se emplean para representar otras cualidades de la frambuesa, como su textura de mermelada, notas balsámicas o cualidades amaderadas. Por lo general se acepta que la frambuesa combina bien con aromas florales, en especial con el de la rosa.

Las hojas de frambuesa también se emplean en perfumería. Funcionan bien como base de una fragancia, contribuyendo a mezclar o unificar otras notas, en especial en perfumes amaderados, chiprés y fragancias verdes. Son ricas y aromáticas, con notas que recuerdan las del té. También combinan bien con la rosa y ayudan a prolongar el olor de una nota afrutada de frambuesa.

El género *Rubus* —frambuesas, zarzamoras y zarzas—, es muy amplio, con más de 1480 especies actualmente conocidas. La frambuesa europea común, *R. ideaeus*, toma su apelativo del Monte Ida, junto a la antigua ciudad de Troya, aunque se encuentra en toda Europa y norte de Asia. Una resistente planta de hoja perenne, la frambuesa es muy apreciada en climas fríos, donde otras frutas no prosperan. El sabor y el aroma de las frambuesas se debe principalmente a la cetona de frambuesa. Presente solo en bajas concentraciones en las frambuesas naturales, es una sustancia que suele fabricarse de forma sintética para su uso en saborizantes.

LOS AROMAS ESENCIALES

Flamenco
de Ramon Monegal

Fraîcheur Muskissime
de Maître Parfumeur
et Gantier

So Scandal!
de Jean Paul Gaultier

LICHI

Litchi chinensis – Sapindáceas

Comer un lichi fresco siempre es un placer. En un instante siente una explosión de exótico y afrutado sabor, jugoso, dulce, fresco.

Esta experiencia es lo que los perfumistas suelen intentar evocar al usar una nota de lichi en sus creaciones. Combina bien con notas de frutas exóticas, así como florales y amaderadas. Es más común en las fragancias frescas para el verano, pero también se utiliza para crear la sensación de estar al sol durante unas vacaciones tropicales; se añade para aportar alegría y luminosidad.

Al igual que tantas otras notas afrutadas, el lichi se crea de forma sintética. Los perfumistas y los químicos se inspiran en los componentes aromáticos naturales de un lichi. El ingrediente sintético más común presenta una cualidad como de mermelada, con indicios de frutas como ciruelas, uvas y bayas, pero también de la faceta floral de la rosa.

Una de las creaciones de lichi más famosas, *Delina* de Parfums de Marly, aprovecha esta faceta floral de rosa y la combina con notas de salida de lichi y ruibarbo, más rosa en el corazón, ade-

más de peonía, y una base de almizcle y vainilla. El resultado es una de las fragancias florales afrutadas más populares del mercado.

———

Los lichis forman parte de la familia de las sapindáceas, que comparte con los arces y los castaños de Indias, entre otros. Son originarios del sudeste asiático, de partes del sur y el este de China, y de las islas de Indonesia. Los frutos blancos se encuentran en el interior de una cáscara rosada con pequeños pinchos, parecida en forma a las castañas de India, y cada una de ellas contiene una única semilla de color castaño oscuro. Al igual que su pariente cercano, el akí, el consumo excesivo de lichis puede ser potencialmente peligroso porque baja el nivel de azúcar en sangre (hipoglucemia). Sin embargo, con moderación, los lichis se consideran seguros y una fuente excelente de vitamina C.

LOS AROMAS ESENCIALES

Delina
de Parfums de Marly

Very Good Girl
de Carolina Herrera

Sugar Lychee
de Fresh

PERA
Pyrus communis – Rosáceas

Si le pedimos que se imagine el olor de una pera,
¿piensa en una pera verde, fresca y crujiente, o va
directamente a una confitería a por una bolsa de
caramelos de pera? Los perfumistas crean todo un
espectro de aromas cuando añaden pera a sus fragancias.

La pera en la perfumería se añade de forma sintética, a menudo con ingredientes como el acetato de hexilo, que aporta un toque afrutado y verde a un perfume que recuerda el de las peras y las manzanas. Ocurre de forma natural en frutas como los plátanos y algunos cítricos, y se emplea en ciertas bebidas alcohólicas además de en perfumería. Los químicos crean en su laboratorio una versión de acetato de hexilo idéntico al natural; este tiende a ser más sostenible y mantiene el ingrediente estable.

Por lo que se refiere a las notas afrutadas, las de la pera son más bien dulces. Posee algunas de esas cualidades frescas y afrutadas, pero se utiliza más por sus facetas de caramelo. Algunos perfumistas intentan recrear el aroma de la madera del peral, en especial como leña, que produce un humo aromático característico. Algunos intentan evocar la sensación de la flor del peral, como hacen con otras flores inodoras de árboles frutales.

En todo el mundo se cultivan varias especies diferentes de *Pyrus*, aunque la más común es la pera europea, *P. communis*, de la que se han derivado cientos de variedades. Valorados tanto por sus frutos como por su madera, los perales pueden alcanzar un tamaño increíble cuando crecen libres sobre sus propias raíces; por esta razón se suelen injertar sobre un patrón, para que mantengan un tamaño manejable. Los perales son de crecimiento lento, de ahí el dicho inglés «plantar peras para tus herederos». Como en el caso de las manzanas y la sidra, la pera puede fermentarse para obtener una bebida denominada perada.

LOS AROMAS ESENCIALES

Pear Inc.
de Juliette has a Gun

Onder de Linde
de Baruti

Jimmy Choo
de Jimmy Choo

MANZANA

Malus domestica – Rosáceas

Cuando hablamos de fragancias, la manzana se suele describir como un acorde específico, por ejemplo «acorde de manzana verde» o «acorde de manzana caramelizada».

Estos acordes se crean para captar las características distintivas del aroma de una manzana. Por lo general, en perfumería, la manzana se considera crujiente, fresca y dulce. La mayoría de las veces se utiliza por sus cualidades frescas y afrutadas, más que por el dulzor similar al caramelo.

Existen numerosos ingredientes sintéticos que se pueden emplear para recrear el aroma de la manzana. Aunque el olor principal es el de la propia fruta, suele haber un aroma secundario, que puede ir desde la mantequilla al coñac. Esta diversidad es el motivo por el que los acordes de los perfumistas pueden ser tan específicos.

Las notas afrutadas hace tiempo que son populares en perfumería. Sin embargo, no fue hasta finales del siglo xx en que estas notas se centraron menos en los cítricos y frutas como la manzana empezaron a cobrar importancia. La tendencia hacia los perfumes afrutados fue tal que algunas casas empezaron a imitar la forma de la fruta en sus botellas. *Apple* es un ejemplo de ello, y tanto DKNY como Nina Ricci crearon perfumes en botellas en forma de manzana.

———

El manzano es originario de las montañas del Kazajstán, pero se ha extendido por todas las zonas templadas del mundo. Actualmente se cultivan miles de variedades de manzanas, para comer, preparar sidra y cocinar. El perfil del sabor de las diferentes manzanas depende de las proporciones de ácidos (en especial el ácido málico), azúcares y compuestos químicos astringentes como los taninos. Por ejemplo, las manzanas para cocinar suelen contener más ácido y menos azúcar que las manzanas de postre, que se cultivan tanto por su textura como por su sabor. Las variedades de manzana no crecen a partir de semillas, sino que se propagan mediante esquejes e injertos sobre un patrón.

LOS AROMAS ESENCIALES

Be Delicious
de DKNY

Boss
de Hugo Boss

Pomme Amoris
de Place des Lices

HIGO
Ficus carica – Moráceas

Al igual que muchas de las notas afrutadas de la perfumería, el fruto del *Ficus carica* no se encuentra como aceite natural. En lugar de ello, los perfumistas crean un acorde de higo mediante una combinación de Stemone™ (una molécula creada por Givaudan) y notas de coco y madera, entre otros.

Durante mucho tiempo, los perfumistas utilizaron un absoluto natural derivado de las hojas de la misma planta. Las hojas presentaban un aroma mucho más amargo que el fruto, pero podían extraerse de la materia prima utilizando éter de petróleo antes de ser lavadas con alcohol para producir un absoluto. El uso del absoluto de hoja de higuera está actualmente restringido en muchos países por ser un sensibilizante —una sustancia que puede provocar reacciones alérgicas—, por lo que ahora los perfumistas tienen que recrear los materiales de higuera.

Crear el aroma del fruto requiere aspectos jugosos y dulces, pero también una cremosidad (conocida en perfumería como «lactónica»), que puede provenir de materiales como la gamma-octalactona, un compuesto volátil que se encuentra en melocotones y mangos, de un aroma cremoso que recuerda al coco. Este elemento hace que el higo combine muy bien con notas amaderadas más cremosas, como el sándalo.

En los últimos años el higo se ha convertido en un ingrediente muy de moda para muchos perfumistas, que aprovechan su jugosa frutosidad para evocar momentos en el Mediterráneo y transportarle al instante a climas más cálidos.

———

Parte de la familia de las moráceas, el *Ficus* es un género con unas 880 especies aceptadas en este momento, distribuidas en casi todos los continentes, pero la mayor variedad se halla en los trópicos. El higo comestible, *Ficus carica*, es probablemente originario de Oriente Medio, donde se cree que fue una de las primeras plantas que los humanos domesticaron. Las higueras presentan hojas lobuladas identificables, que desde Adán y Eva (y los escultores del Renacimiento) se han asociado con la modestia.

LOS AROMAS ESENCIALES

Ashoka
de Neela Vermeire

Fig
de Perfumer H

Tropica
de Maya Njie

COCO

Cocos nucifera – Arecáceas

Con un aroma dulce y cremoso, el coco es el fruto del *Cocos nucifera,* un árbol emblemático de las regiones tropicales.

El fruto tiene una piel exterior conocida como exocarpo, seguida de una cáscara fibrosa (el mesocarpo) que protege una cáscara de interior carnoso, admirado por su sabor y su delicado aroma.

Los aceites esenciales se producían originalmente exprimiendo la pulpa de coco y destilando al vapor el aceite resultante. También se obtenía un absoluto lavando el aceite con alcohol, pero estos métodos raramente se utilizan en la perfumería moderna. En su lugar, muchos perfumistas que desean un material natural utilizarán uno que se extrae de la pulpa del coco mediante dióxido de carbono.

Sin embargo, el coco de las fragancias modernas tiene en su mayor parte un origen sintético. Por ejemplo, la gamma-nonalactona es un material sintético con un intenso aroma de coco. A menudo denominado aldehído C18 (a pesar de no ser un aldehído), es una de las lactonas más utilizadas en perfumería. El coco, sea cual sea su origen, aporta notas cremosas con distintos grados de una suavidad sedosa. Combina perfectamente con materiales cálidos y sensuales como la vainilla o el sándalo, y se puede emplear para efectos gourmand o en acordes afrutados y tropicales.

———

El cocotero es una palmera alta originaria de las islas del sudeste asiático y del océano Pacífico. Ha evolucionado para adaptarse especialmente bien a las playas, donde el ambiente es más húmedo que tierra adentro. Casi todas las partes del árbol son útiles. El fruto —de gran tamaño— se puede comer fresco, seco o procesado como leche de coco o aceite de coco (con un alto contenido en grasas saturadas que se solidifican a temperatura ambiente). También aporta agua de coco, que se encuentra de forma natural en el interior del fruto. Los filamentos del exterior de la cáscara (bonote) están sustituyendo cada vez más a la turba en los sustratos para macetas, por ser una opción mucho más sostenible que esta.

LOS AROMAS ESENCIALES

Dirty Coconut
de Heretic Parfum

Sydney Rock Pool
de Arquiste

Coconut Sun
de The 7 Virtues

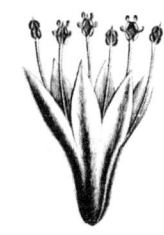

LITSEA

Litsea cubeba – Lauráceas

Si cerrara los ojos y oliera la *Litsea cubeba,* conocida en China como «may chang», se sorprendería al ver que no se trata de un limón.

El aceite esencial de *L. cubeba* se obtiene de sus pequeños frutos, parecidos a la pimienta, de un intenso aroma cítrico que al secarse adquieren un dulzor delicado y notas herbáceas y metálicas. Es increíblemente volátil, con una efervescencia casi tridimensional que atraviesa los perfumes con gran claridad. A pesar de ello, se suele clasificar como una nota de corazón.

A veces se la denomina «verbena exótica» o «verbena tropical», pero forma parte de las lauráceas, la misma familia que la canela y el palisandro.

El rendimiento de su aceite esencial, de un amarillo pálido, es increíblemente bajo. Se han realizado estudios para intentar mejorarlo porque su ingrediente principal, el citral, es una importante materia prima para la síntesis.

China es el mayor productor de *L. cubeba*, que se usa en medicina tradicional china como remedio para varias dolencias, desde el dolor de estómago hasta el cólera.

La *Litsea cubeba* tiene otros usos aparte de la perfumería, aparece en muchos tipos diferentes de saborizantes y se cree que posee propiedades antioxidantes.

———

Un pequeño árbol de la familia de las lauráceas, *L. cubeba* es originario del sur y del este asiático, aproximadamente desde Nepal al Japón, hasta las islas de Indonesia. El apelativo se deriva de la pimienta cubeba, una planta de la familia de las piperáceas que no tiene nada que ver con la litsea. Los frutos, visualmente parecidos a los granos de pimienta, se utilizan para preparar un aceite esencial vendido a veces como *may chang* para usar en fragancias y también como saborizante en algunas cocinas. El aceite es rico en compuestos químicos llamados monoterpenoides. Aunque se ha hablado sobre las propiedades medicinales de este aceite esencial, no existen suficientes pruebas científicas que las respalden.

LOS AROMAS ESENCIALES

Coriander
de D.S. & Durga

Mediterraneo
de Carthusia

Petit Matin
de Maison Francis Kurkdjian

GRAMÍNEAS

VETIVER
Chrysopogon zizanioides – Poáceas

Hubo un tiempo en que todos los productores de perfume del mercado tenían una variedad que incluía un tipo de gramínea de raíces fibrosas conocida como vetiver.

Aunque este valioso material -que se encuentra en climas tropicales y subtropicales- desempeña un papel crucial en algunas de las fragancias más icónicas de la perfumería, no se reconoció como protagonista absoluto hasta 1957, en que Carven lanzó su perfume *Vétiver*.

El posterior Vétiver de Guerlain, de 1961, fue un éxito rotundo que sentó las bases para que el vetiver se convirtiera en uno de los materiales más importantes de la perfumería tradicionalmente masculina.

Su singular aroma se viene utilizando desde la antigüedad, e incluso se trenza la hierba para hacer cortinas que se utilizan por sus cualidades refrescantes naturales, para alejar a los insectos y proporcionar un aroma refrescante al hogar.

El vetiver se considera una nota de fondo que aporta una faceta seca y amaderada de una calidez suntuosa.

———

El vetiver es de la familia de las poáceas y está emparentado con el sorgo y la caña de azúcar. Es originario del interior tropical de Asia, desde la India hasta el Vietnam, aunque actualmente se cultiva en muchos otros lugares. El vetiver es de crecimiento rápido y desarrolla sistemas radiculares profundos. Estas raíces se utilizan en perfumería: se secan y luego se destilan por arrastre de vapor para obtener un aceite esencial. Los principales componentes de su aroma son la alfa-vetivona, la beta-vetivona y el kusimol, que son sesquiterpenoides. Todos ellos son menos volátiles que los monoterpenoides presentes en muchos otros aceites esenciales, por lo que el aceite de vetiver es más adecuado como fijador.

LOS AROMAS esenciales

Vétiver
de Guerlain

Vétiver
de Carven

Crazy Hours
de Franck Muller

HIERBA LIMÓN

Especie *Cymbopogon* – Poáceas

En ocasiones denominada hierba de Malabar o de Cochín,
la hierba limón o limoncillo es una planta aromática indígena
de muchas regiones tropicales y subtropicales, que aporta
una intensa faceta cítrica a la paleta del perfumista.

Existe una gran variedad de especies, aunque la más apreciada en perfumería es la *Cymbopogon flexuosus*, cuyas hojas rinden una gran cantidad de citral, un material importante para la síntesis. Cuando se utiliza la hierba limón entera, es este componente en concreto el que le da el carácter similar al limón.

Al igual que muchos otros materiales, la hierba limón puede verse afectada por las condiciones de cultivo. El contenido en citral es uno de los aspectos que más se ve afectado por factores como el tiempo de la cosecha, la temperatura o incluso el nivel de humedad de la tierra, y el resultado es una diferencia drástica en la cantidad de citral presente en el aceite.

El aceite esencial se suele obtener por destilación al vapor, aunque es posible utilizar otros métodos de extracción.

La hierba limón se emplea como nota de salida y se combina de forma habitual con cítricos como la bergamota. También se conoce por combinar bien con materiales florales y, aparte de su característica cualidad cítrica, en ocasiones se utiliza por sus sutiles matices herbáceos.

El género *Cymbopogon*, que se encuentra en gran parte de los trópicos del Viejo Mundo, comprende al menos 53 especies aceptadas, varias de ellas cultivadas y comercializadas bajo el nombre de hierba limón. Entre las más comunes se encuentran el *C. citratus* (que, a pesar de llamarse hierba limón de las Indias Occidentales, es en realidad originaria de Asia), y el *C. flexuosus* (la hierba limón de las Indias Orientales). Estas se consideran comestibles y se usan también en la producción de aceite esencial. El componente del citral es el que le da el aroma cítrico a la planta. Otra especie, el *C. nardus*, da aceite de citronela, que se utiliza como repelente de insectos.

LOS AROMAS ESENCIALES

Fiero
de Casamorati

London 1969
de 4160 Tuesdays

Love
de Lush

HIERBAS

ANGÉLICA

Angelica archangelica – Apiáceas

La angélica es un ingrediente sorprendemente útil para
un perfumista. Aporta su propio aroma a una fragancia,
pero también es un estupendo fijador, además de
un aditivo útil para generar una sinergia con otros
ingredientes para que combinen mejor.

Tanto las semillas como las raíces de la ángelica se utilizan en perfumería. Las semillas dan una nota de salida fresca y verde, casi como el cánnabis, aunque un poco más áspero, con un secado final algo especiado, parecido al anís estrellado. Es menos amaderado o terroso que el aceite extraído de la raíz de angélica, aunque las notas de fondo son similares.

El aceite de raíz de angélica es bastante caro porque el rendimiento de la destilación por arrastre de vapor es bajo y las raíces ideales son las que no tienen más de dos años. Se cree que su aroma es superior al de las semillas y combina muy bien con musgo de roble, vetiver, pachulí y ciertas hierbas, por lo que lo verá con frecuencia en alguna fragancia chipré o fougère. Se utiliza para cambiar la tonalidad y matizar un perfume. Su naturaleza herbácea de un verde suave significa que realmente es capaz de cambiar una fragancia sin imponerse.

———

Quizás más conocida por su forma confitada, como los trocitos de un verde vivo que decoran algunos postres, la angélica forma parte de la familia de las apiáceas y es originaria del norte de Europa. Se da bien en climas fríos e incluso puede crecer tan al norte como Groenlandia, aunque gran parte de la producción comercial viene de la Europa continental. Los tallos se comen frescos o confitados, y las raíces y las semillas se suelen utilizar en la industria de las bebidas como uno de los sabores clave de bebidas populares como la ginebra y el vermut. El nombre de angélica es por su aroma distintivo, que se dice es similar al de los ángeles.

LOS AROMAS ESENCIALES

French Lover
de Frédéric Malle

Purple Fig
de Vilhelm Parfumerie

Comme des Garçons 2 de
Comme des Garçons

PACHULÍ

Pogostemon cablin – Lamiáceas

En el siglo XIX, Occidente importaba
hermosos chales de lana de Cachemira.

Para evitar que las polillas atacaran estas delicadas telas, se envolvían en las hojas de una planta arbustácea conocida como pachulí, común en el sudeste asiático. Aunque era perfecto para proteger el tejido de lana, las hojas emitían un fuerte olor, por lo que cuando los chales llegaban a su destino estaban impregnados de un rico y terroso aroma.

La popularidad de estas telas entre la élite hizo que el aroma que las acompañaba se convirtiera en sinónimo de riqueza y lujo. Sin embargo, cuando los bohemios y las cortesanas empezaron a disimular el tejido barato de su ropa impregnándolo con aceite de pachulí, los ricos dejaron de adquirirlos y su inconfundible aroma se convirtió en símbolo de la contracultura. Pero el uso del pachulí no empezó ni terminó ahí. Un reciente estudio arqueológico encontró rastros de aceite de pachulí en un tarro para ungüentos de una tumba romana de hace 2000 años. El movimiento *hippie* de los años sesenta adoptó el pachulí como

propio y hoy día sigue siendo una de las fragancias más vendidas.

Al olerlo se podría pensar que el aroma proviene de un tipo de madera o resina, debido a sus profundas notas amaderadas, pero en realidad el aroma se extrae por destilación al vapor de las grandes hojas de la planta, y es valorado por sus increíbles cualidades fijadoras.

———————

El pachulí es una planta de hoja perenne que alcanza 1 metro de altura, y tiene hojas dentadas parecidas a las de la menta (pertenece a la misma familia). Se cultiva por su aceite esencial, que contiene compuestos químicos llamados sesquiterpenoides. Entre ellos está el patchulol, o alcanfor de pachulí, que es uno de los principales contribuyentes al aroma del aceite esencial. Tradicionalmente se han usado varios aceites, extractos, infusiones y otras fórmulas con pachulí para aliviar resfriados, dolores de cabeza y otras afecciones. Sin embargo, las pruebas científicas para estos usos son indeterminadas.

LOS AROMAS ESENCIALES

Misfit
de Arquiste

Patchouli 1969
de Maître Parfumeur
et Gantier

Patchouli Intense
de Nicolaï

MENTA
Especie *Mentha* – Lamiáceas

Las notas de menta en perfumería son increíblemente volátiles: se evaporan con gran rapidez.

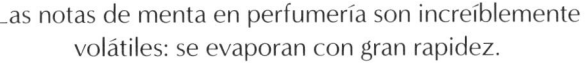

En otras palabras, no duran mucho. Por este motivo, la menta casi siempre se usa para las notas de salida de una fragancia, la fase inicial de la trayectoria de un perfume por su piel. La menta, como las notas cítricas, resulta fresca pero, a diferencia de estas, también produce una intensa sensación de frescor.

Existen diversas variedades de menta de todo el mundo y los aceites van desde los muy económicos hasta los de precio exorbitante. La menta piperita y la hierbabuena son las variedades más comunes en perfumería.

Los antiguos griegos la consideraban la «hierba de la hospitalidad», y se cree que cubrían el suelo con hojas de menta para que al pisarlas al caminar liberaran sus aceites y perfumaran la estancia.

Aunque los registros muestran que la menta se utilizaba en la perfumería incluso antes, el lanzamiento más significativo llegó en el siglo XIX cuando Guerlain creó el *Eau de Cologne Impériale* para la emperatriz Eugenia. Esta fragancia fue la predecesora de la versión modernizada del mismo nombre, *Eau de Cologne Impériale*, creada en 1974.

Actualmente la menta tiene más presencia en las fragancias masculinas, aunque también la llevan algunas fragancias femeninas como Herba Fresca de Guerlain.

La menta piperita (*Mentha x piperita*) es un híbrido de dos especies de menta, la *Mentha aquatica* (menta acuática) y la *Mentha spicata* o hierbabuena. La menta piperita y la hierbabuena son sabores populares en repostería. Las plantas de la menta poseen también propiedades medicinales. Por ejemplo, ciertos productos para aliviar los síntomas del colon irritable llevan aceite de menta piperita. Este tipo de aceite contiene mentol; aplicado sobre la piel, actúa sobre los receptores sensibles a la temperatura y produce una sensación de frescor y un ligero efecto analgésico. Por ello el mentol se utiliza en preparados de uso tópico para aliviar el picor y ciertos tipos de dolor.

LOS AROMAS ESENCIALES

Bohème
de Place des Lices

Dirty
de Lush

Menthe Fraîche
de Heeley

ALBAHACA
Ocimum basilicum – Lamiáceas

Los perfumes se suelen denominar «composiciones». Un perfumista, al igual que un músico, compone una sinfonía sensorial combinando hábilmente las notas. Sin embargo, pocas personas saben que los materiales naturales son también composiciones en sí mismos.

Uno de los ingeniosos trucos apreciados por la industria perfumista es la destilación fraccionada, mediante la cual un aceite crudo se separa en fracciones, rompiendo la composición natural del material para purificar o aislar componentes del aceite. Esto significa que un material como la albahaca, a veces conocida como «la reina de las hierbas», se puede utilizar entero, aprovechando al máximo su complejo aroma, o en fracciones. Por ejemplo, el linalool es un componente muy utilizado, con un aroma claramente herbáceo, que se aísla a partir del aceite esencial de albahaca.

La especie *Ocimum sanctum* a veces se denomina «albahaca sagrada». Se dice que se encontró en la tumba de Jesucristo y que se empleaba en la preparación de agua bendita en las iglesias ortodoxas egipcias. Sin embargo, la especie más usada en perfumería es la *Ocimum basilicum*, a veces llamada «albahaca dulce»,

que aporta un aroma más verde y dulce. Suele emplearse como nota de salida, pero utilizada en mayores cantidades también se mantiene en las etapas posteriores de una fragancia.

_____

La albahaca se usa con frecuencia en la cocina, sobre todo para acompañar platos de pasta y tomate, y es un ingrediente clave del popular pesto. La albahaca, conocida también como «albahaca dulce», es una planta anual de orígenes múltiples, desde el Asia tropical y subtropical hasta el norte de Australia, aunque ha sido introducida en muchas otras partes del mundo. Durante siglos se ha empleado tradicionalmente la albahaca para aliviar molestias digestivas y por sus renombrados efectos diuréticos. El aceite de albahaca posee propiedades antisépticas y por tanto su uso tópico es un remedio tradicional para picaduras, mordeduras e infecciones.

Lime, Basil & Mandarin
de Jo Malone

Eau de Basilic Pourpre
de Hermès

Swimming Pool
de Bibbi

AJENJO

Artemisia absinthium – Asteráceas

Un material clave del «elixir de la inspiración creativa», el ajenjo se destila al vapor de la *Artemisia absinthium* y es famoso por darle sabor a la legendaria absenta.

Empleado en medicina desde el 2800 a. e. c., esta hierba aromática posee un aroma amargo y verde, con una cualidad de madera seca y acentos como de regaliz, a menudo comparados con el gálbano y la hoja de violeta.

El ajenjo es conocido por ser intenso, con un amargor penetrante que algunos consideran excesivo. Aunque se podría pensar que por este motivo se utiliza con moderación, la absenta tiene una rica historia cultural, además de ser controvertida, y ha sido fuente de inspiración para perfumistas decididos a romper moldes. El uso del ajenjo se ha convertido en un requisito imprescindible para captar la esencia del infame licor.

Cabe destacar que la singular plataforma Nasomatto («nariz loca»), creada por el perfumista Alessandro Gualtieri, lanzó en 2007 una fragancia inspirada en la bebida, con el sencillo nombre de *Absinth*; uno de los ingredientes principales es el aceite de ajenjo. La provocadora casa dijo que la intención del perfume era «suscitar grados de histeria» y «fomentar la conducta irresponsable».

El ajenjo es una hierba perenne de la familia de las asteráceas, muy cercana al estragón (*Artemisia dracunculus*). Tiene un sabor muy amargo debido a unas sustancias químicas llamadas lactonas sesquiterpénicas. Además de su uso para dar sabor a la absenta, es el principal saborizante del vermut. Durante muchos años, la absenta estuvo prohibida en todos los países europeos por ser psicodélica y tóxica; se creía que la tujona, un compuesto químico presente en el ajenjo, era la responsable de ello. Ahora se cree que las verdaderas causas eran las malas prácticas de destilación, la adulteración y el consumo excesivo.

LOS AROMAS ESENCIALES

Absinth
de Nasomatto

Cedarwood Absinth
de Experimental
Perfume Club

Bohemian Absinthe
de Les Soeurs de Noé

DAVANA

Artemisia pallens – Asteráceas

Utilizada durante siglos en ceremonias y rituales hindúes, la davana se obtiene destilando al vapor las partes aéreas de una planta en flor que en la India se suele cultivar cerca de los árboles de sándalo.

A pesar de ser un ingrediente extraordinariamente potente, su presencia en la industria de la perfumería es reciente; casi ningún perfumista la tuvo en cuenta hasta mediados del siglo xx.

Caracterizada por una cualidad afrutada, un tanto alcohólica y almibarada, la davana es conocida por agrupar las notas de albaricoque, bayas, pasas y delicados matices herbáceos. Dicho eso, los informes sobre el perfil olfativo de la davana son tan diversos que se rumorea que su olor varía completamente de persona a persona, debido a la química corporal del portador, que desencadena acentos únicos. Aunque resulta una idea atractiva, la verdad podría acercarse más al hecho de que la davana es de por sí un material polifacético que combina una multitud de notas, que pueden acentuarse o atenuarse según la persona.

Es conocida por su extremada potencia, incluso diluida, y se usa habitualmente para creaciones ambarinas opulentas, a las que aporta matices. Algunos creen que la davana es afrodisíaca, lo que podría explicar por qué se utiliza más en perfumes que pretenden ser profundamente sensuales.

———

La davana, originaria del sur de la India, es otro miembro del género *Artemisia* (que también incluye la artemisa, *A. vulgaris*). El género toma su nombre de Artemisa, la diosa griega de la caza y la naturaleza. Al igual que otras especies del género *Artemisia*, la davana es rica en sesquiterpenos y lactonas sesquiterpénicas, que le dan un aroma distintivo pero un sabor muy amargo. La davana se cultiva principalmente para producir aceite esencial, pero también se ha utilizado como remedio tradicional para la diabetes. Sin embargo, las pruebas de su eficacia para controlar el nivel de azúcar en sangre son limitadas.

LOS AROMAS ESENCIALES

Givenchy Pour Homme
de Givenchy

Ambre Tibet
de Maître Parfumeur et Gantier

106
de Bon Parfumeur

HOJAS DE TOMATERA

Solanum lycopersicum – Solanáceas

La hoja de la tomatera en perfumería se suele considerar una nota de apoyo, no una nota principal. En productos para el baño tiende a tener un poco más de protagonismo.

Por lo general se añade como ingrediente sintético que imita el aroma de la planta natural. Es una nota fresca, verde y herbácea que combina bien con fragancias cítricas, así como de flores aromáticas.

Se podría decir que el perfume más famoso de hoja de tomatera es el *Eau de Campagne* de Sisley, la emblemática fragancia de 1977. *Eau de Campagne* es una mezcla de jazmín, muguete y el importante toque de la hoja de tomatera. Esta fresca y aromática fragancia fue revolucionaria cuando se lanzó.

La hoja de tomatera se utiliza principalmente en las notas de fondo de una fragancia. Sin embargo, *Passion*, de Annick Goutal, trató de captar su naturaleza fresca, afrutada y verde usándola como nota de salida, con una base más cálida de musgo de roble, vainilla y pachulí, creando un chipré seco. Goutal decidió aprovechar al máximo la hoja de tomatera cuando lanzó *Ninfeo Mio*, en el que el limón encabezaba una fragancia amaderada. Hermès siguió el ejemplo aprovechando la capacidad de la hoja de tomatera de combinar a la perfección con los cítricos para su perfume *Un Jardin Sur le Nil*.

———

Originario de Sudmérica, el tomate es un pariente cercano de la patata (*Solanum tuberosum*), aunque crece como enredadera y no produce tubérculos. Son tan cercanos que es posible injertarlos, creando una planta que da tomates en la parte aérea y patatas en las raíces. Su apelativo proviene del griego y significa «melocotón de lobo». A pesar de que su uso culinario se asemeja al de las verduras, el tomate —botánicamente hablando— es una fruta. Como muchas plantas de la familia de las solanáceas, el tomate contiene sustancias químicas tóxicas llamadas alcaloides, aunque estas no suelen encontrarse en cantidades perjudiciales en el fruto, solo en las hojas.

LOS AROMAS ESENCIALES

Eau de Campagne
de Sisley

Esprit du Roi
de Penhaligon's

Liberté Bohème
de Au Pays de la Fleur d'Oranger

TABACO

Nicotiana tabacum – Solanáceas

Uno de los ingredientes más sugestivos de este libro, que sin duda evocará al instante imágenes en su mente, es el notorio tabaco.

Por supuesto, la planta se conoce sobre todo por su uso en cigarrillos. Sin embargo, antes que estos existieran, el tabaco tenía profundas raíces culturales entre los indígenas americanos, que utilizaban la planta, junto con otras hierbas, con fines espirituales y ceremoniales.

Aunque muchos de nosotros estamos familiarizados con el aroma del cigarrillo, la planta posee un carácter más matizado cuando se emplea en perfumería, y se suele describir como rico y dulce, con un toque de vainilla y cualidades herbáceas parecidas al heno. Es una nota importante por derecho propio, popularizada por fragancias icónicas como *Tabac Blond* de Caron, pero también se utiliza de forma regular como efecto sutil; es conocido por ser inmensamente difícil de reproducir.

Las grandes hojas verde pálido de esta fibrosa planta se cosechan y secan en un proceso que dura de cuatro a diez semanas, en el que las hojas adquieren el color marrón oscuro que nos es tan familiar.

Muchas materias primas no responden bien a los procesos de extracción mediante calor, por lo que se emplean métodos alternativos. Sumergiéndolas en disolventes, el aroma va pasando delicadamente al líquido y, al retirar el disolvente, nos queda un «absoluto» o sustancia de elevada concentración.

———

Otro miembro de la familia de las solanáceas, el tabaco es originario de Sudamérica. El nombre genérico de *Nicotiana* proviene de Jean Nicot, un embajador que introdujo la práctica de fumar tabaco en Francia; esto, a su vez, dio nombre a la nicotina, la sustancia química del tabaco que lo hace adictivo. La nicotina es un estimulante, pero los usuarios pronto desarrollan una tolerancia, que requiere consumir grandes dosis para lograr el mismo efecto. Además de fumarse en cigarrillos o en pipa, las hojas ahumadas y curadas se inhalan como rapé, o se introducen en la boca como tabaco de mascar.

LOS AROMAS ESENCIALES

Tabac Blond
de Caron

Jasmin et Cigarette
de Etat Libre
d'Orange

Perverso
de Baruti

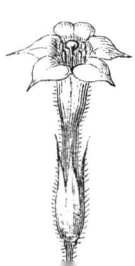

CILANTRO

Coriandrum sativum – Apiáceas

El cilantro, a veces llamado coriandro o perejil chino, se conoce por sus fragantes hojas, aunque el aceite esencial se extrae de los frutos de una planta herbácea originaria del sudeste europeo.

Los frutos se suelen denominar «semillas» y a menudo se destilan al vapor para producir un aceite amarillo pálido que aporta notas frescas, especiadas y florales a una fragancia.

El uso de semillas de cilantro está documentado y se remonta hacia el año 5000 a. e. c.; numerosas culturas lo consideraban un remedio eficaz. Contienen poco aceite volátil rico en linalool, un compuesto orgánico responsable de la mayor parte del aroma característico del cilantro. Se cree que las plantas liberan linalool para que no se las coman. La versión sintética que prefieren muchos perfumistas se considera un «idéntico natural».

Conocido por poseer un aroma que genera opiniones divididas, raramente se utiliza como elemento central. Sin embargo, algunos usos destacados en la perfumería actual son el *Coriander* de D.S. & Durga, que pretende captar la brisa marina del Mediterráneo de la zona de Odessa, y *L'Air du Désert Marocain* de Andy Tauer, que atempera el cilantro con una combinación de especias para recrear el aroma del desierto del Magreb.

———

El cilantro es miembro de la familia de las zanahorias, visualmente similar al perejil, y originario de países de las zonas costeras del Mediterráneo oriental. Las hojas y los tallos se comen frescos, por lo general añadidos hacia el final de la cocción para que conserven su sabor, mientras que las semillas se comen secas y retienen mucho más aroma tras la cocción. El sabor del cilantro fresco divide opiniones. Una minoría importante de personas encuentran su sabor extremadamente desagradable; se cree que esto tiene que ver con su genética, porque existe un gen específico que hace que algunos elementos químicos de las hojas sepan a detergente.

LOS AROMAS ESENCIALES

Coriander
de D.S. & Durga

L'Air du Désert Marocain
de Tauer

N.º 2 Ground
de Gabar

ROMERO

Salvia rosmarinus – Lamiáceas

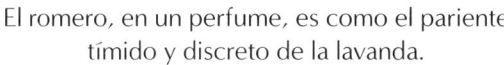

El romero, en un perfume, es como el pariente
tímido y discreto de la lavanda.

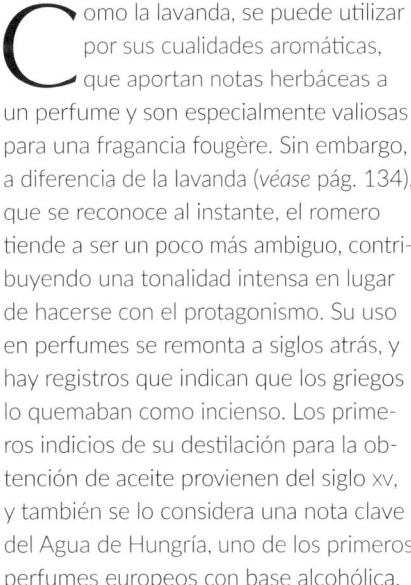

Como la lavanda, se puede utilizar por sus cualidades aromáticas, que aportan notas herbáceas a un perfume y son especialmente valiosas para una fragancia fougère. Sin embargo, a diferencia de la lavanda (*véase* pág. 134), que se reconoce al instante, el romero tiende a ser un poco más ambiguo, contribuyendo una tonalidad intensa en lugar de hacerse con el protagonismo. Su uso en perfumes se remonta a siglos atrás, y hay registros que indican que los griegos lo quemaban como incienso. Los primeros indicios de su destilación para la obtención de aceite provienen del siglo XV, y también se lo considera una nota clave del Agua de Hungría, uno de los primeros perfumes europeos con base alcohólica.

El aceite esencial se extrae de las hojas y las flores —recolectadas a mano para garantizar la calidad—, habitualmente por destilación al vapor. El aceite tiene un aroma a menta, como boscoso, y una vez se evapora el frescor, el aroma que queda es resinoso y amaderado. Esto lo convierte en un ingrediente útil para el órgano del perfumista, porque se puede utilizar en cualquier parte de la fragancia, para aportar una nota de salida fresca y aromática, o un secado final amaderado.

———

El nombre de la especie *Rosmarinus* significa «rocío marino» y se refiere al aspecto de las flores de color lila azulado del romero. En medicina tradicional, el romero tiene fama de mejorar la memoria. Los estudios científicos han explorado esta posibilidad y han demostrado que posee propiedades antioxidantes, antiinflamatorias y antimicrobianas. El romero se emplea desde hace mucho tiempo para los espasmos intestinales y los trastornos digestivos, así como para estimular el apetito. Los preparados de uso tópico se utilizaban como remedio tradicional contra trastornos reumáticos y circulatorios. Esta hierba ornamental, originaria de la zona mediterránea, se usa también en la cocina, aportando sabor a varios platos, salsas y aliños.

LOS AROMAS ESENCIALES

Pansy
de Lush

Stockholm 1978
de Vilhelm Parfumerie

Cool Water Reborn
de Davidoff

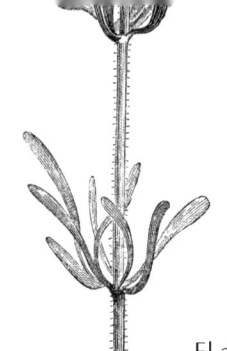

LAVANDA

Lavandula angustifolia – Lamiáceas

El aceite de lavanda es uno de los materiales más utilizados en perfumería, y su mercado global se estima que alcanzará los 47 millones de dólares para el año 2027.

Su fenomenal y general atractivo puede deberse, en parte, a sus cualidades terapéuticas y calmantes, sus innumerables referencias y representaciones simbólicas en siglos de cultura popular, o al hecho de que la lavanda, una planta con flores de la familia de la menta, es de una increíble generosidad.

Se puede utilizar en múltiples procesos de destilación, entre ellos la destilación por arrastre de vapor, la hidrodestilación y la extracción con disolventes; gracias a ello se encuentra en una inmensa variedad de formas.

Se considera que la «verdadera» planta de lavanda es la *Lavandula angustifolia*, una subespecie de las *angustifolias* (sinónimo: *L. officinalis*), que crece en las alturas del sur de Francia (y de otros países, con distintos grados de éxito) y posee un perfil olfativo característico floral y herbáceo. Asimismo se cree que la calidad aumenta cuanto más elevado el terreno donde crece.

Uno de los tipos más populares es el denominado lavandina, un híbrido de *Lavandula officinalis* y *L. latifolia* que posee un frescor más pronunciado y da un mayor rendimiento, pero cuya calidad por lo general se considera inferior.

La lavanda se usaba en los baños romanos —su nombre se deriva del latín *lavare*: lavar. Se ha usado tradicionalmente para combatir las afecciones nerviosas, como trastornos del sueño, y suele ser uno de los ingredientes de las almohadas rellenas de hierbas que ayudan a conciliar el sueño. Ciertos estudios científicos sugieren que el inhalar el aroma de lavanda contribuye a calmar la agitación y a mejorar la calidad del sueño. El aceite de lavanda se aplica tópicamente como repelente de insectos. Otros usos de la lavanda, originaria de Francia, Italia y España, incluyen el de ingrediente culinario para dar sabor a helados, mermeladas y vinagres, y como componente del popurrí.

LOS AROMAS ESENCIALES

Pour un Homme de Caron
de Caron

Jicky
de Guerlain

Wild Lavender
de Lorenzo Villoresi

MELISA

Melissa officinalis – Lamiáceas

Una hierba calmante que se cree fomenta el sueño
y ayuda a gestionar el estrés, la melisa tiene un perfil
olfativo ligero y fresco que recuerda el del limón, pero
con matices mentolados y herbáceos.

En muchos países se conoce como «delicia del corazón» por la supuesta capacidad de la hierba seca de aliviar los síntomas de la depresión.

Después de la cosecha, la melisa se destila al vapor. Las delicadas plantas se llevan con rapidez a la destilería para procesarlas lo antes posible. Sin embargo, el rendimiento es tan increíblemente bajo (incluso tras múltiples destilaciones), que un aceite puro puede tener un coste de producción exorbitante. Por este motivo, los perfumistas utilizan una mezcla reconstituida de otros materiales, como el limón y la verbena. Estas recreaciones se suelen considerar «idénticos naturales» y se utilizan de forma habitual en el agua de colonia. La melisa aparece principalmente como una nota de salida efervescente de carácter brillante y chispeante.

La perfumista británica Angela Flanders, famosa por su perfumería independiente en la famosa Columbia Road londinense, recreó una fragancia del año 1370 en su perfume *Hungary Water*, con una nota crucial de melisa.

———

La melisa se ha utilizado tradicionalmente como remedio calmante y para la digestión, la migraña y la melancolía. Era famosa por favorecer la longevidad y restituir la memoria. Por ejemplo, el botánico del siglo XVIII John Hill describió la melisa como «buena para los trastornos de la cabeza y el estómago», y el médico del siglo XVI Paracelso se refirió a ella como «el elixir de la vida». La melisa produce un aceite con aroma a limón que ha despertado interés por su potencial de mitigar la agitación al inhalarlo, y por sus propiedades antivíricas y repelentes de insectos. También se utiliza en la cocina y como ingrediente de licores como el Chartreuse.

LOS AROMAS ESENCIALES

**Artillery N.º 3,
Hungary Water**
de Angela Flanders

**Acqua Colonia
Melissa & Verbena**
de 4711

Cuentos de la Selva
de Fueguia 1833

SALVIA ESCLAREA
Salvia sclarea – Lamiáceas

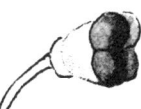

Utilizada de forma regular en perfumería por su aroma singular, el aceite de *Salvia esclarea* se obtiene de los tallos floridos de la salvia sclarea. Se encuentra según una variedad de métodos de extracción como un aceite esencial dulce y herbáceo, o como un absoluto con intensos matices semejantes al tabaco.

Los antiguos romanos creían que la salvia esclarea era afrodisíaca y ya se utilizaba en medicina popular en el siglo IV. A veces se la denomina «el aroma de la claridad» por la etimología de *clarus*, que en latín significa «claro».

Cabe destacar que la salvia esclarea contiene un compuesto orgánico llamado esclareol, que puede sintetizarse para crear ambroxida (a menudo conocida por su nombre comercial Ambroxan), que es una alternativa moderna al ámbar gris.

El ámbar gris, u «oro flotante», es un material muy raro, subproducto del sistema digestivo de los cachalotes. Suele encontrarse varado en las playas, y dado que no se puede cultivar, alcanza un alto precio. Por eso la ambroxida resulta una alternativa atractiva para los perfumistas que pretenden captar su aroma.

La salvia esclarea se suele utilizar como nota de corazón debido a su volatilidad moderada, y es capaz de aportar una sensación de «naturalidad» a materiales florales y amaderados, o actuar como modificador, alterando el carácter de otras notas utilizadas en el perfume.

———

El nombre *Salvia* significa «estar bien», tal vez en referencia a los usos medicinales tradicionales de ciertas especies del género. La salvia esclarea ha servido de remedio tradicional para trastornos digestivos, encías inflamadas y malestar general, así como para calmar los nervios. También se la ha llamado «salvia moscatel» y «ojo claro», por su uso tradicional en trastornos oculares. Los estudios muestran que el aceite de salvia esclarea y uno de sus componentes químicos, el esclareol, poseen propiedades antimicrobianas. La salvia esclarea tiene también usos culinarios y es originaria de las regiones mediterráneas y Asia Central.

LOS AROMAS ESENCIALES

Color Dreams
de Franck Muller

1872 Masculine
de Clive Christian

Haze
de Akro

CÁNNABIS

Cannabis sativa – Cannabáceas

El cánnabis en la perfumería puede parecer un truco
barato, y en algunos casos lo es, con marcas que
buscan una publicidad fácil. Sin embargo, su uso en esta
industria ha aumentado en los últimos años,
y no solo por el factor de impacto.

Llevar el cánnabis al mundo de las fragancias no tiene nada que ver con sus propiedades narcóticas; se utiliza por las cualidades aromáticas que aporta. Tampoco se utiliza para crear un aroma áspero, amargo o quemado, sino un tono verde pero floral, con elementos terrosos y una acidez fresca, con solo un matiz ahumado.

La popularidad del uso del cánnabis en perfumería podría estar vinculada a dos tendencias en auge. La primera es la del nicho de mercado, cuando las marcas intentan crear fragancias vanguardistas para atraer la atención y servir a un mercado distinto al convencional. La segunda es el crecimiento de la preferencia por fragancias más aromáticas, más complejas de las que se encuentran en las tiendas corrientes. Con estos dos factores y con el uso del CBD por sus propiedades terapéuticas, parece que la tendencia del cánnabis en la industria de la belleza no hará más que consolidarse.

———

El cánnabis es conocido por sus propiedades psicoactivas, por lo que se usa como droga recreativa; muchos países tienen una legislación que controla su uso. Ciertos compuestos químicos del cánnabis se han desarrollado como fármacos para tratar la esclerosis múltiple y ciertos tipos de convulsiones. El delta-9-tetrahidrocannabinol, un compuesto químico del cánnabis, también ha servido de inspiración para el diseño de un fármaco sintético utilizado para controlar las náuseas y los vómitos asociados a la quimioterapia. El cánnabis también se ha cultivado por su fibra, empleada para fabricar tejidos y cuerdas, mientras que su aceite de semillas se añade a cosméticos y productos alimentarios y se usa en la producción de varnices.

LOS AROMAS ESENCIALES

Jack
de Richard E. Grant

DesirToxic
de Parfums M.
Micallef

Black Afgano
de Nasomatto

CIPRIOL

Cyperus spp. – Ciperáceas

El cipriol (o nagarmota) es una nota intensamente amaderada
con una composición volátil similar a la del vetiver.

El aroma se usa de forma habitual como un sustituto natural del pachulí o del oud (un material natural escaso) por su olor terroso y persistente. Tiene un perfil olfativo rico, amaderado, un tanto picante, con matices terrosos y de cuero.

El cipriol pocas veces se utiliza como ingrediente principal. A menudo se usa como nota de fondo y combina bien con materiales florales como la rosa y el jazmín, así como con notas de bergamota y de madera. Utilizado en cantidades mayores, el cipriol puede presentar notas de salida secas y ligeramente especiadas, que se podrían considerar desafiantes. Aparte de esto, muestra una gran uniformidad a medida que se asienta.

Tom Ford afirma haber creado la primera fragancia comercial que contiene cipriol *(Tom Ford for Men)*. Sin embargo, esto es objeto de debate y algunos apuntan a *L'Eau d'Issey Pour Homme*, de

Issey Miyake, que se lanzó unos 12 años antes y que mencionaba que tenía una nota de fondo de «cipriol», aunque de origen desconocido.

————

El cipriol es un aceite esencial producido a partir de las raíces de algunas especies de juncia, en especial *Cyperus articulatus* y *C. scariosus* (aunque el tema de las especies exactas utilizadas por los fabricantes puede ser complicado a causa de una taxonomía incierta). Estas juncias son gramíneas o similares a la hierba, muy cercanas al papiro, cuyas fibras utilizaban los antiguos egipcios como papel. El aceite es rico en sesquiterpenoides. El *C. articulatus* tiene una distribución pantropical, lo que significa que se encuentra en grandes partes de Sudamérica, África, sur de Asia y el norte de Australia. En algunas partes del mundo se le atribuyen usos medicinales, aunque se ha investigado poco sobre su eficacia.

LOS AROMAS ESENCIALES

Harrods Aoud
de Roja Parfums

Symmetry
de Sarah Baker

Tom Ford for Men
de Tom Ford

TOMILLO

Thymus vulgaris – Lamiáceas

Existen más de 200 especies de tomillo, y solo unas pocas se utilizan en la cocina y la perfumería.

Dos de las variedades más comunes del tomillo en perfumería son el *Thymus vulgaris* (tomillo común) y el *Thymus zygis* (tomillo salsero).

El tomillo, como aceite aromático, se extrae mediante destilación por arrastre de vapor, por lo general empleando plantas secas. Los perfumistas que buscan un aceite aromático de buena calidad querrán que sea rico en un compuesto orgánico denominado timol, que da su olor característico al tomillo.

El tomillo es fresco y amaderado y se suele encontrar, como cabe esperar, en fragancias fougère y chipré. Combina bien con otros aromas como el del romero y la lavanda, así como ingredientes como el pachulí, aportando un toque seco a ambas familias y frescura aromática a la fougère. A veces aparece como un toque ligero de cuero.

El tomillo es un arbusto enano que en verano produce flores de color blanco a lila pálido. Es originario del suroeste de Europa y se cultiva desde el medioevo como planta culinaria. En el antiguo Egipto se utilizaba para embalsamar. El tomillo hace mucho tiempo que se valora por sus propiedades antisépticas, lo que quizás explica su uso como remedio tradicional para la tos y los resfriados. El aceite de tomillo y uno de sus componentes, el timol, se han utilizado en enjuagues bucales y dentífricos. Los estudios de laboratorio demuestran que los extractos y el aceite de tomillo poseen propiedades antibacterianas, antifúngicas y antiinflamatorias.

LOS AROMAS ESENCIALES

Invasion Barbare
de MDCI

Cowboy Grass
de D.S. & Durga

Oyédo
de Diptyque

RESINAS

OPOPÓNACO

Especie *Commiphora* – Burseráceas

A veces conocido como «mirra dulce», el opopónaco u opopánax es una gomorresina derivada del árbol madre de la mirra. Su aroma es igual de ambarino y rico, pero con un acabado mucho más suave y balsámico.

La resina se forma en las cavidades naturales entre la corteza y la madera, y sus grumos en forma de lágrima se extraen principalmente mediante incisiones en el árbol. Los fragmentos, de color naranja oscuro, se han utilizado desde la antigüedad como incienso, y se cree que el rey Salomón lo valoraba por encima de cualquier otro material.

La destilación del aceite esencial se realiza por arrastre de vapor y requiere un cuidadoso proceso de selección, con un gran margen de error. Su uso en composiciones también puede ser delicado. Aunque se sabe que combina bien con diferentes materiales, desde cítricos a notas florales, es mejor utilizarlo con moderación, ya que tiende a ser estridente y dominante.

En perfumería, el opopónaco se utiliza como nota de corazón o de fondo, dependiendo de la combinación. Su perfil olfativo gourmand comestible

lo hace idóneo para incluirlo en las fragancias ambarinas, y es un componente de muchos clásicos como el *Shalimar* de Guerlain, *Poison* de Dior y *Opium* de Yves Saint Laurent.

A pesar de su nombre, no se obtiene de las plantas del género *Opopanax* (parte de las apiáceas), sino que es una resina extraída de árboles de bisabolol, parientes cercanos de los árboles de mirra (*Commiphora myrrha*). Puede que no quede claro cuál es la especie exacta, porque tanto el *C. guidottii* como el *C. kataf* se recolectan para la producción de resina en el Cuerno de África, y se comercializan como opopónaco. De la resina se obtiene un aceite esencial mediante destilación al vapor. Los árboles de bisabolol son extremadamente resistentes a la sequía, capaces de crecer en el árido paisaje somalí. El nombre de *opopanax* proviene del griego y significa «jugo curalotodo».

LOS AROMAS ESENCIALES

Shalimar
de Guerlain

Istanbul
de Gallivant

Poison
de Dior

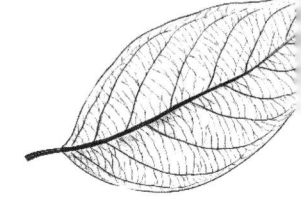

BENJUÍ

Especie *Styrax* – Estiracáceas

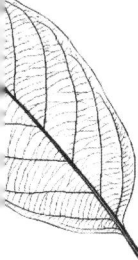

El benjuí es una gomorresina extraída de la corteza del árbol del mismo nombre, de la especie *Styrax*. Se obtiene haciendo incisiones en la corteza, a menudo a bastante altura. A veces se la denomina «lágrimas» de benjuí, a pesar de que, una vez expuesta al aire, se endurece con gran rapidez y se convierte en un material quebradizo parecido a fragmentos de piedra de color naranja oscuro.

El benjuí es un tipo específico de resina conocido como bálsamo. Las resinas balsámicas difieren de otras, como el oud y el ládano, por su elevado contenido en ácido cinámico y benzoico. El aroma resultante es mucho más suave que sus equivalentes resinosos, motivo por el cual se suele describir como «balsámico» a los aromas más delicados.

Uno de los tipos más populares utilizados en perfumería es el «benjuí de Siam», llamado así en honor a su origen tailandés. Una vez extraído, el benjuí de Siam se clasifica según su calidad, siendo los de grados superiores los más aromáticos y los más solubles en alcohol.

Tiene un perfil olfativo rico y lleno de carácter, dulce y cálido. A menudo recuerda la vainilla, pero con sutiles matices acres, y es un fijador crucial, así como una nota importante en muchas fragancias ambarinas o gourmand.

El benjuí (a veces llamado benzoín) se valora tanto por su olor como por sus propiedades medicinales. Las dos principales especies que se cultivan para fines comerciales son el *S. benzoin* y el *S. tonkinensis*. El benjuí se utiliza en medicina moderna como tintura (una solución de la resina en alcohol) aplicada en apósitos para heridas, e inhalado como descongestivo nasal. Se cree que el ácido benzoico, llamado así por la resina, es un componente activo de ciertos preparados medicinales. Resulta confuso que el nombre del género *Styrax* se comparta con el de otra resina (*véase* Estoraque, pág. 149), que se obtiene de una especie totalmente distinta.

LOS AROMAS ESENCIALES

Taklamakan
de Stéphane
Humbert Lucas

Une Nuit Magnétique
de The Different
Company

Falcon Leather
de Matière Première

GÁLBANO
Ferula gummosa – Apiáceas

El gálbano es una oleorresina gomosa que se extrae de las raíces de una variedad de plantas del género *Ferula*. Crece de forma silvestre en varios países y se encuentra en dos tipos, comercialmente conocidos como «duro» o «blando».

Este último es el único de interés en perfumería. A pesar de denominarse goma, este líquido viscoso tiene una textura que recuerda la de la miel y un perfil olfativo verde y terroso, con matices amaderados. Cuando se destila mediante vapor o agua, el aceite esencial resultante es perfecto para crear un carácter boscoso.

El resinoide de gálbano también es apreciado como fijador y por ser una nota «verde» más eficaz que se suaviza más rápido que muchas de sus equivalentes. Como ingrediente, el gálbano raramente es el protagonista, pero provocó un problema importante para una de las fragancias más queridas de Chanel. El N.º 19 fue nombrado así en honor al cumpleaños de la fundadora Coco Chanel y contenía un gálbano iraní especialmente seleccionado. Tras el estallido de la revolución en Irán a finales de la década de 1970, el aceite era imposible de conseguir y se tuvo que cambiar la fórmula del perfume.

Otro uso destacado fue en 2010, cuando la casa de moda Maison Margiela lanzó con gran éxito su primer perfume, que no tenía nombre y del que el gálbano era un componente clave.

Ferula es un género de más de 220 especies de la familia del perejil. Su nombre, del latín ferula, significa "vara", ya que los largos tallos huecos de estas plantas se usaban antiguamente para el castigo corporal. Otras especies del género son la *F. foetida* que, como su nombre indica, produce una goma llamada asafétida de olor fétido (a pesar de ello, se usa como especia culinaria). Históricamente el gálbano tenía un uso medicinal, pero ahora se limita a las industrias de perfumes y aromatizantes. El destilado de aceite esencial de la goma es rico en pineno y otros compuestos monoterpenoides.

LOS AROMAS ESENCIALES

(sin nombre)
de Maison Margiela

N.º 3 Swim
de Gabar

Panorama
de Olfactive Studio

MIRRA

Commiphora myrrha – Burseráceas

Uno de los materiales más antiguos que se utilizan en perfumería
es la mirra, una oleorresina gomosa: un material natural que exudan las plantas
y que contiene una combinación de aceites volátiles, goma y materia resinosa.

Las pequeñas «lágrimas» se extraen a veces de forma natural, otras haciendo pequeñas incisiones en el tronco, de varios árboles del género *Commiphora*. Después hay que limpiar las impurezas antes de procesarlas y ofrecerlas al mercado de varias formas. La mirra tiene un aroma suave, dulce y resinoso, con un delicado toque ahumado, y recuerda el incienso y el benjuí.

En la cultura popular, la mirra alcanzó una fama especial cuando Yves Saint Laurent la incluyó en su creación *Opium*, lanzado en 1977. *Opium* desencadenó una feroz controversia por tener nombre de droga, y el perfume fue prohibido en múltiples países. La intención de sus críticos era acabar con su popularidad, pero el revuelo en torno al lanzamiento tuvo el efecto contrario: las ventas de *Opium* superaron los 3 millones de dólares en los primeros nueve meses, y muchos establecimientos agotaron sus existencias a las pocas horas de su lanzamiento.

La mirra se asocia sobre todo con fragancias opulentas y ambarinas. Se la considera una nota de fondo que aporta una rica complejidad que da solidez a una fragancia y a menudo le confiere una longevidad excepcional.

―――――

Conocida por muchos como uno de los obsequios de los Tres Reyes Magos según el relato bíblico de la Natividad, la mirra tiene una larga historia de uso religioso, cultural y medicinal. Actualmente se sigue utilizando como incienso. Los árboles de la mirra son originarios del Cuerno de África y de la parte sur de la península arábiga. Aunque toleran el calor extremo y el clima árido, el futuro de los árboles de la mirra es incierto: su estado de conservación aún no está evaluado por completo y muchas especies del mismo género están en declive debido a la sobreexplotación, el pastoreo excesivo y la desertización.

LOS AROMAS ESENCIALES

Opium
de Yves Saint Laurent

Ambre Mythique
de Maître Parfumeur
et Gantier

Gold Woman
de Amouage

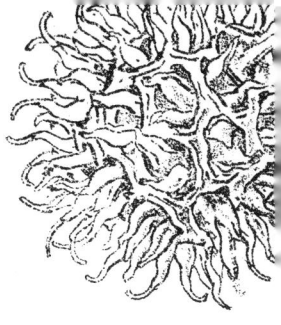

ESTORAQUE

Especie *Liquidambar* – Altingiáceas

A veces conocido como «storax», el estoraque es un bálsamo
que se extrae del tronco de los árboles *liquidambar*. Los dos
tipos más comunes de estoraque se extraen de distinta manera.

Uno de ellos, el *L. orientalis* (que se encuentra en la costa occidental de Anatolia y las islas vecinas, como Rodas) se obtiene por exudación patológica, lo que significa que hay que dañar el árbol para que libere la sustancia pegajosa y olorosa oculta en su albura, que entonces se recolecta de la herida. El otro tipo, *L. styraciflua*, que crece en la parte oriental de Estados Unidos y hacia el sur hasta América Central (sobre todo en Honduras, Guatemala y México), se obtiene por exudación natural.

Se suele confundir con el benjuí (*véase* pág. 145), que se deriva del *Styrax tonkinensis* o *Styrax benzoin*. Sin embargo, mientras que el benjuí suele asociarse con aromas ricos y suntuosos, la riqueza del estoraque se ve equilibrada por notas de salida florales, que lo acercan a la perfumería floral porque se sabe que combina especialmente bien con la lila, el jacinto y el clavel.

El estoraque es un material importante para las obras de composición y la creación de acordes, pero raramente cobra papel protagonista por su naturaleza controvertida. No obstante, hay una serie de perfumes en el mercado que prestan a este bálsamo la atención que merece, como el *Styrax* de Headspace y *Replica Jazz Club* de Maison Margiela.

El género *Liquidambar* es hoy el único miembro de la familia de las altingiáceas; anteriormente se incluía con el hamamelis, de la familia de las hamamelidáceas, pero la comparación de marcadores genéticos con especies vecinas demostró que su parentesco es más lejano de lo que se pensaba. El compuesto químico estireno, descubierto inicialmente en la resina de estoraque, es el precursor del plástico poliestireno (un componente del poliestireno expandido).

LOS AROMAS ESENCIALES

Styrax
de Headspace

Gdańsk
de Gallivant

Replica Jazz Club
de Maison Margiela

INCIENSO
Especie *Boswellia* – Burseráceas

El olíbano se deriva de árboles del género *Boswellia* y se ha comercializado en Oriente Medio y norte de África al menos durante 5 000 años; posee una larga historia de uso en rituales y ceremonias religiosas.

Conocida comúnmente como incienso, la oleorresina gomosa que se produce de forma natural (una mezcla de aceites esenciales, goma y materia resinosa) aparece en la corteza de los árboles cuando alcanzan los ocho o nueve años. Determinar cuáles son las mejores lágrimas —o grumos— de olíbano para ser destiladas es un trabajo especializado, ya que la apariencia no es una indicación fiel de qué piezas producirán los mejores resultados.

Su suave y resinoso aroma, con notas de salida frescas y afrutadas lo convierte en un material versátil para componer fragancias. El absoluto se extrae mediante alcohol y es el que da en gran parte su cualidad característica al incienso, mientras que el aceite esencial se suele destilar al vapor y presenta una tonalidad más luminosa, con notas de salida más pronunciadas.

En cualquier caso, el incienso por lo general se considera una nota de fondo y un fijador, lo que significa que aporta mayor longevidad a otros materiales.

Se usa en perfumes frescos (especialmente cítricos) como nota de fondo estabilizadora capaz de atemperar los materiales efervescentes sin dominarlos.

————

Otro obsequio de los Tres Reyes Magos, el incienso se utiliza como tal en las iglesias, pero también en la medicina tradicional de algunas partes del mundo. Una serie de especies *Boswellia* se cosechan con fines comerciales, entre ellas la *B. sacra*, *B. frereana* y *B. papyrifera*. La mayor parte de la producción proviene del Cuerno de África y del sur de la península arábiga (Yemen y Omán). La cosecha se lleva a cabo haciendo incisiones en árboles maduros y recolectando la resina opaca amarillenta que se forma en el tronco. Hay que espaciar las incisiones porque si se hacen con demasiada frecuencia ponen en peligro la supervivencia de la especie *Boswellia*.

LOS AROMAS ESENCIALES

Bergamot Incense
de Experimental
Perfume Club

Cedar in Acacia
de Scents of Wood

Vanagloria
de Laboratorio
Olfattivo

LÁDANO

Cistus ladanifer – Cistáceas

Numerosos perfumes modernos están en deuda
con las cabras montesas. Sí, cabras.

Una de las mejores resinas utilizadas en perfumería es el ládano, una goma casi sólida derivada de la planta *Cistus ladanifer* que crece en estado silvestre en la mayoría de los países mediterráneos. El método de recolección de ládano más antiguo es el de peinar las barbas de las cabras montesas, donde se les quedaba pegado cuando pastaban sobre la planta.

El pequeño arbusto se representa a menudo con sus atractivas flores blancas. Aunque desprenden un ligero aroma, estas flores no se utilizan en perfumería. Sin embargo, la resina de ládano es inmensamente popular y se emplea en numerosas fragancias como nota de fondo prominente de un rico perfil olfativo. Es dulce, con un matiz ligeramente animálico y posee excelentes propiedades fijadoras.

Cuanto más vieja la resina, más se endurece. Con el tiempo se vuelve quebradiza. Para extraerla para perfumería, primero hay que fundir la resina y limpiarla para eliminar la suciedad, la arena y otros materiales de su interior. A continuación se trata de múltiples formas para una variedad de resultados, desde un suntuoso absoluto hasta un aceite destilado al vapor de aroma ligero, conocido como cistus.

———

Miembro de la familia de las cistáceas, el *Cistus ladanifer* está muy extendido en la península ibérica. Asimismo se recolectan otras especies de *Cistus* con fines comerciales. El ládano es un arbusto de hoja perenne que solo alcanza una altura máxima de unos 2,5 metros; sus hojas son pegajosas y se recolectan —junto con las ramitas— y se hierven para obtener goma de ládano. Esta contiene numerosas sustancias volátiles, principalmente monoterpenoides, que la hace útil para la perfumería.

LOS AROMAS ESENCIALES

Labdanum
de Scent Trunk

Crazy Hours 6
de Franck Muller

Byzantine Amber
de Francesca Bianchi

ESPECIAS

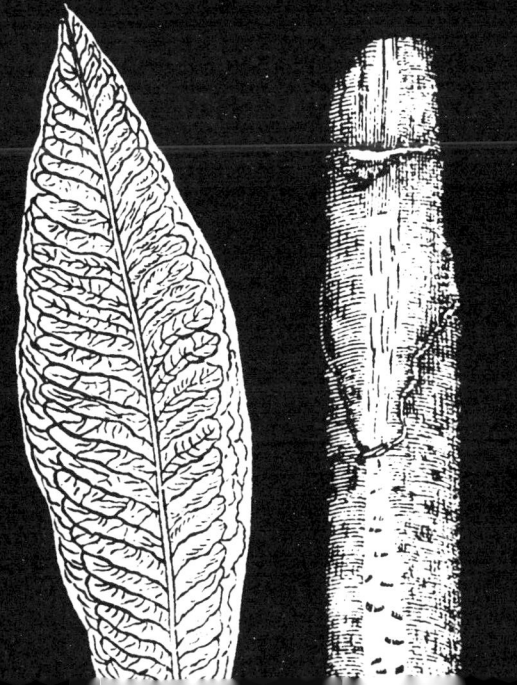

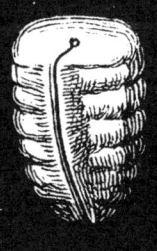

AMBRETA

Abelmoschus moschatus – Malváceas

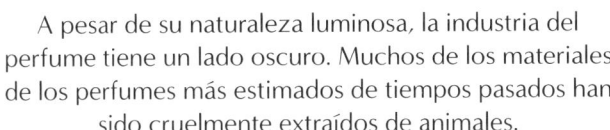

A pesar de su naturaleza luminosa, la industria del perfume tiene un lado oscuro. Muchos de los materiales de los perfumes más estimados de tiempos pasados han sido cruelmente extraídos de animales.

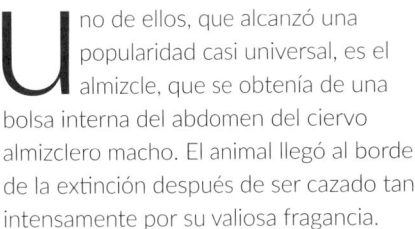

Uno de ellos, que alcanzó una popularidad casi universal, es el almizcle, que se obtenía de una bolsa interna del abdomen del ciervo almizclero macho. El animal llegó al borde de la extinción después de ser cazado tan intensamente por su valiosa fragancia.

Actualmente el ciervo almizclero está protegido y el uso de almizcle animal está muy mal visto. Sin embargo, la inmensa popularidad de su aroma hizo que la industria del perfume clamara por alguna alternativa, con un deseo aparentemente insaciable que continúa hasta nuestros días.

Existen muchas reinterpretaciones sintéticas del almizcle, pero podríamos decir que la más se le acerca (aunque no la más utilizada, por su altísimo precio), es la semilla de ambreta, a menudo apodada «almizcle vegetal».

Las semillas de ambreta se encuentran en el interior del fruto del *Abelmoschus moschatus*. Las semillas se procesan para obtener una variedad de mateirales utilizados en perfumería y, en general, aportan un aroma dulce similar al almizcle.

Es mas suave y delicado que el almizcle de origen animal y combina especialmente bien con notas florales, además de ser un importante fijador de muchos perfumes emblemáticos como el Egoïste de Chanel.

Originario del sudeste asiático, este miembro de la familia de las malváceas es pariente cercano del quingombó (*A. esculentus*). Sus vainas son comestibles y similares a las del quingombó. El nombre científico de la ambreta da una pista de su uso principal: el nombre genérico de *Abelmoschus* proviene del árabe y significa «padre del almizcle», mientras que el apelativo deriva de la palabra latina para almizcle.

Misfit
de Arquiste

Musk Aoud
de Roja Parfums

Autumn Rhythm
de Chris Collins

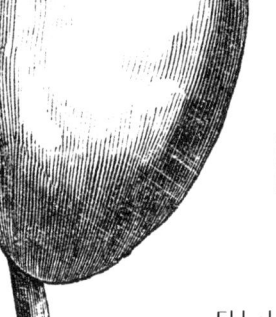

HABA TONKA

Dipteryx odorata – Fabáceas

El haba tonka posee un alto contenido en cumarina, un compuesto químico de gran importancia en perfumería.

Se dice que uno de cada dos perfumes contiene más de un 1 por ciento de cumarina. Se considera un aroma herbáceo o similar al heno, pero en mayores cantidades se vuelve más dulce. Se suele emplear para dar tonos de vainilla y almendra a una fragancia.

Por su elevado contenido en cumarina, el haba tonka desempeña un papel importante en la historia de los ingredientes sintéticos de permufería. En 1820, August Vogel aisló la cumarina de las habas tonka, aunque por error. El mismo año, un farmacéutico francés llamado Guibourt aprendió del error de Vogel y le dio el nombre de cumarina al nuevo compuesto, por el nombre en francés del haba tonka. Actualmente es común utilizar cumarina sintética.

El haba tonka sigue siendo extremadamente popular en la perfumería moderna, en especial para las fragancias ambarinas más suntuosas, así como las gourmand y florales.

Aunque se suele creer que su aroma es similar al de la vainilla, su fragancia herbácea, parecida al heno, además de su dulzura láctea, le da al haba tonka un amargor suave que no solo es diferente a la vainilla, sino que los perfumistas lo consideran un auténtico tesoro.

———

Uno de los árboles más longevos de la selva amazónica, esta especie proporciona tanto una valiosa madera dura llamada cumarú, como semillas secas (habas tonka) de sabor característico. Los extractos de haba tonka se han utilizado históricamente como sustituto de la vainilla, pero la preocupación por su toxicidad ha hecho que se prohíba su uso culinario en Estados Unidos. El consumo a largo plazo de la cumarina resulta perjudicial para el hígado. El fármaco anticoagulante warfarina se desarrolló a partir de derivados naturales de la cumarina.

LOS AROMAS ESENCIALES

Sylvan Song
de Grossmith

Une Vanille
de Obvious Parfums

Tonka 25
de Le Labo

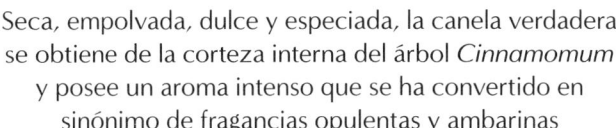

CANELA

Cinnamomum verum – Lauráceas

Seca, empolvada, dulce y especiada, la canela verdadera
se obtiene de la corteza interna del árbol *Cinnamomum*
y posee un aroma intenso que se ha convertido en
sinónimo de fragancias opulentas y ambarinas

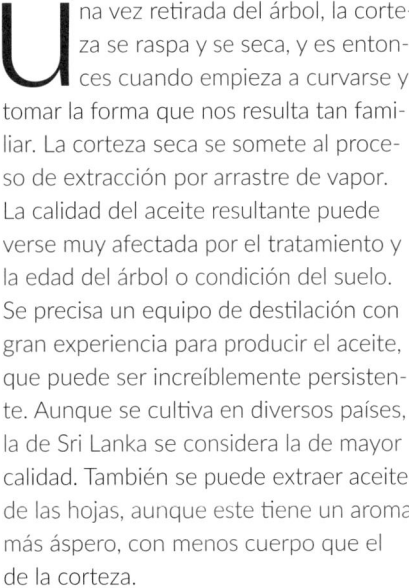

Una vez retirada del árbol, la corteza se raspa y se seca, y es entonces cuando empieza a curvarse y tomar la forma que nos resulta tan familiar. La corteza seca se somete al proceso de extracción por arrastre de vapor. La calidad del aceite resultante puede verse muy afectada por el tratamiento y la edad del árbol o condición del suelo. Se precisa un equipo de destilación con gran experiencia para producir el aceite, que puede ser increíblemente persistente. Aunque se cultiva en diversos países, la de Sri Lanka se considera la de mayor calidad. También se puede extraer aceite de las hojas, aunque este tiene un aroma más áspero, con menos cuerpo que el de la corteza.

En muchas partes del mundo el uso de la canela está restringido y solo se puede tomar en pequeñas dosis porque se considera un alérgeno. Tal vez es más conocida por su uso como saborizante. En perfumería proporciona una gran profundidad y combina bien con materiales más ricos como la vainilla y el haba tonka.

———

La canela es una de las especias que más se suele adulterar (sobre todo en polvo), sustituyéndola por otras especies del género *Cinnamomum* más económicas. En Estados Unidos la mayor parte de la canela comercial en realidad es casia, la corteza de varias especies emparentadas, más económicas pero a la vez más ásperas y menos sutiles. El aroma característico de la canela se debe sobre todo al compuesto orgánico cinamaldehído.

LOS AROMAS ESENCIALES

Delice
de Parfums M. Micallef

Tiger by her Side
de Sana Jardin

Xandria
de Ormonde Jayne

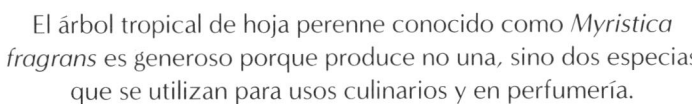

MACIS

Myristica fragrans – Miristicáceas

El árbol tropical de hoja perenne conocido como *Myristica fragrans* es generoso porque produce no una, sino dos especias que se utilizan para usos culinarios y en perfumería.

La nuez moscada, la más conocida y utilizada, es generalmente la preferida porque es más económica, pero sin duda habrá oído hablar también del macis.

En perfumería, el macis aporta una fragancia especiada pero fresca. Es más suave y delicado que el aroma de la nuez moscada, que tiende a ser más cálido, amaderado y dulce, con un matiz amargo. En un perfume, ambas notas, como otras especias, tienden a aparecer en las notas de corazón o a veces en las de salida. Históricamente se han empleado en fragancias más masculinas, amaderadas o fougère. Hoy día, tanto el macis como la nuez moscada han empezado a aparecer en fragancias femeninas, así como en creaciones unisex más contemporáneas.

El uso de la nuez moscada en perfumería se remonta a la antigua Roma, donde la utilizaban para aromatizar el agua del baño.

La nuez moscada proviene de la semilla de *M. fragrans* y el macis del arilo rojo seco (el recubrimiento de la semilla). Su sabor y aroma son muy similares y a menudo se intercambian en la cocina. La fuente de la nuez moscada y el macis fue durante siglos un misterio para los comerciantes europeos, puesto que el árbol de la nuez moscada solo se encontraba en las islas de Banda, un pequeño grupo de islas en las Molucas. No fue hasta que en el siglo XIX se establecieron plantaciones en otros lugares que estas islas perdieron su monopolio, y gracias a ello bajaron los precios.

LOS AROMAS ESENCIALES

Oud for Greatness de Initio

Comme des Garçons 3 de Comme des Garçons

Golden Chypre de Grossmith

AZAFRÁN
Crocus sativus – Iridáceas

A primera vista, se podría creer que la parte más valiosa
del *Crocus sativus* son sus atractivos pétalos violeta.
Sin embargo, escondida en el interior de su envoltura violeta
se encuentra la especia más cara del mundo: el azafrán.

Apodado «oro rojo» por ser fenomenalmente caro, el azafrán se obtiene de la parte femenina de la planta. Se necesitan unos 570 estigmas (el filamento del centro de la flor) o 190 flores para producir un único gramo de azafrán.

Muchos creen que el precio merece la pena y su uso se remonta a épocas antiguas. Se cree que Cleopatra, la denominada reina del Nilo, se bañaba en leche infusionada con azafrán, y que Alejandro Magno lo utilizaba para tratar las heridas tras la batalla.

Hoy día, más del 90 por ciento del azafrán proviene de Irán, pero se cultivan crocos en todo el mundo. Incluso dio nombre a la pequeña población inglesa de Saffron Walden, donde se celebra como la flor cuyo comercio trajo la prosperidad a la población. La planta crecía especialmente bien en esta zona.

A pesar de su luminoso color, el aroma del azafrán sorprende por ser oscuro. Se considera una nota de fondo, con un perfil olfativo terroso y de cuero que combina especialmente bien con resinas, madera y vainilla.

———

El azafrán es el estigma seco del azafrán o croco, miembro de la familia de las iridáceas que originariamente se cultivaba en Grecia. Los filamentos son de un color naranja oscuro debido a un pigmento llamado crocina, y sirven para dar color y sabor a platos de la cocina española y persa. El azafrán alcanza un precio astronómico, en comparación es más caro que el oro, ya que el delicado estigma debe ser recolectado individualmente a mano antes de secarlo.

LOS AROMAS ESENCIALES

Black Saffron
de Byredo

Saffron Rose
de Grossmith

Amber Aoud
de Roja Parfums

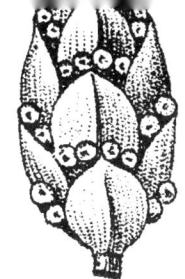

ENEBRO

Juniperus communis – Cupresáceas

A pesar de que comúnmente hablamos de «bayas de enebro», este popular ingrediente no es una baya sino una piña modificada, de un aspecto carnoso que confunde.

En perfumería, el aroma de la baya de enebro se suele utilizar por sus propiedades refrescantes. El mejor aceite proviene directamente de las bayas, que se secan, machacan y destilan al vapor. Su olor recuerda el del pino y es cálido y balsámico, pero a la vez de un característico frescor. Combina bien con notas de pino y cítricos y, en muchos casos, se utiliza como un efecto para atemperar o realzar las características de otros materiales de la fragancia.

El aroma de la baya de enebro se resume perfectamente con la palabra ginebra, de la que es un ingrediente esencial. Muchas casas de perfumes han aprovechado esta famosa conexión como fuente de inspiración para sus creaciones, como el *Juniper Sling* de Penhaligon's, que rinde homenaje a los felices años veinte reimaginando el aroma de un tonificante cóctel de ginebra.

Aunque la baya de enebro no posee la longevidad del pino, lo compensa con su distintivo dinamismo. Se suele utilizar como nota de salida o de corazón, o como un componente útil para crear un aroma boscoso.

Los árboles de enebro son coníferas, miembros de la familia de las cupresáceas. Son de crecimiento lento y extremadamente longevos, y se encuentran en las zonas más frescas de gran parte del hemisferio norte. Las bayas son pequeñas, moradas y de un sabor amargo distintivo, por la presencia de los compuestos orgánicos monoterpenoides en el aceite esencial. A pesar de su nombre, las «bayas» de enebro tienen más en común —botánicamente hablando— con las piñas del pino que con las verdaderas bayas. La palabra ginebra se deriva del término holandés para enebro.

LOS AROMAS ESENCIALES

Juniper Sling
de Penhaligon's

Viride
de Orto Parisi

Gypsy Water
de Byredo

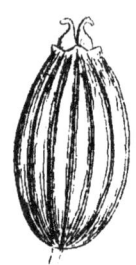

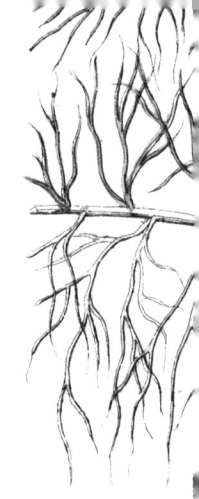

HINOJO

Foeniculum vulgare – Apiáceas

La perfumería hace uso de especias y hierbas aromáticas, así que ¿dónde encaja este favorito culinario en el mundo de las fragancias? De hecho, son las semillas que quedan cuando las flores empiezan a marchitarse lo que se utiliza en perfumería.

Quizás más conocido por su uso culinario, las semillas de hinojo se destilan por arrastre de vapor para crear un aceite esencial. Hay dos tipos de aceite de hinojo que se emplean en perfumería: uno dulce y otro amargo; ambos aportan su propia personalidad a un perfume.

En cuanto a su aroma, se suele comparar con la regaliz o el anís, y tiene semejanzas con el estragón. A menudo está presente en fragancias fougère y sirve como el perfecto complemento aromático para notas como las de la lavanda y el pachulí, aunque existe una tendencia creciente a usarlo en fragancias ambarinas más opulentas. Se utiliza con moderación en un perfume, porque con un poco basta.

El creciente uso del hinojo en perfumería parece ser resultado directo de la expansión del sector de perfumes nicho. Los consumidores piden fragancias más vanguardistas y los perfumistas intensifican su uso para crear fragancias innovadoras y singulares.

El nombre del género *Foeniculum* viene del latín «pequeño heno», tal vez debido a su olor. Una planta perenne de gran tamaño, de flores amarillas, el hinojo es originario de la región mediterránea y de Oriente Medio, aunque se ha extendido por todo el mundo, en ocasiones hasta convertirse en invasor. Casi todas las partes de la planta son comestibles: el bulbo se consume como verdura, mientras que las hojas y las semillas (técnicamente un esquizocarpo o fruta seca) se emplean para realzar platos o bebidas. El sabor del hinojo es similar al del anís.

LOS AROMAS ESENCIALES

Seahorse
de Zoologist

The Sixth
de Vyrao

L'Astre
de Le Galion

PIMIENTA ROSA

Schinus molle – Anacardáceas

Las especies se pueden dividir en dos categorías principales: frescas o picantes. La pimienta rosa pertenece a la primera categoría y se caracteriza por un perfil olfativo especiado pero fresco como el limón.

Conocido a veces como «falsa pimienta» porque es una de las pocas notas picantes que se deriva de un árbol no perteneciente a la familia de las piperáceas. La pimienta rosa proviene del fruto del *Schinus molle*, que se cosecha una vez maduro, después se seca y se extrae para obtener un aceite esencial. Su uso es quizás más conocido por ser un ingrediente clave del *Aventus* de Creed, que combina la característica frescura de la pimienta rosa con notas afrutadas como piña y grosella negra, así como componentes más ricos como el Ambroxan™ y la madera de cedro.

Los perfumes tienen una capacidad increíble de captar el espíritu del tiempo y, como ahora los métodos de producción son tan eficientes, las tendencias en perfumería a veces inundan el mercado con una rapidez vertiginosa. La pimienta rosa, entre otros, se ha convertido en estos últimos años en un material muy popular. Se ha utilizado en innumerables lanzamientos contemporáneos y el fenomenal éxito del *Aventus* puede, en parte, ser responsable de este auge de popularidad de la pimienta rosa.

———

La pimienta rosa, o árbol de la pimienta, es originaria de partes de Sudamérica, donde sus frutos rosados se utilizan para condimentos y bebidas, como la chicha (bebida alcohólica), o se muelen y se usan como sustituto de la pimienta. Los frutos, hojas y savia se han empleado como remedios tradicionales para el dolor de muelas, el reumatismo y las infecciones urinarias. El árbol se usa también como madera para fabricar muebles y como leña, mientras que los preparados de corteza sirven para curtir el cuero. Los estudios de laboratorio han demostrado que los extractos y aceites de pimienta rosa poseen propiedades antioxidantes, antiinflamatorias y antimicrobianas.

LOS AROMAS ESENCIALES

Aventus
de Creed

Twilly d'Hermès Eau Poivrée
de Hermès

Marbella
de Carner

SEMILLAS DE ZANAHORIA

Daucus carota – Apiáceas

Esta entrada no debe confundirse con la propia zanahoria.

En lugar de ocupar un papel destacado en un perfume, las semillas de zanahoria se utilizan para reforzar una fragancia o complementar otros ingredientes. Las semillas de zanahoria se asemejan al almizcle y son un poco animálicas. El aroma tiene una nota de salida fresca y verde, con un secado final terroso, especiado y empolvado, por lo que es de gran utilidad para los perfumistas que desean reforzar o incluso sustituir ingredientes como el lirio, la violeta o la mimosa (un buen dejemplo de ello es el relanzamiento de *Vermeil* de Bienaimé, con semillas de zanahoria en las notas de salida que refuerzan el corazón de lirio y violeta). También es útil a la hora de crear acordes afrutados sintéticos; por ejemplo, se puede combinar con brotes de grosella negra para crear la ilusión del aroma de mango.

El aceite que se emplea en perfumería se destila de la semilla seca de la zanahoria común por arrastre de vapor, y la mayor parte del aceite del mercado es de origen francés. El aceite de semilla de zanahoria va destinado sobre todo al ámbito culinario, pero su uso en perfumería está creciendo, gracias a su capacidad de combinar bien con múltiples aromas de flores, maderas y hierbas.

El color naranja vivo que asociamos con las zanahorias se debe al caroteno, que nuestro cuerpo transforma en vitamina A. Sin embargo, a pesar de los mitos sobre el consumo de zanahoria, es improbable que comer más mejore su visión nocturna. Tampoco hay pruebas que demuestren que su cultivo se seleccionó para favorecer el color naranja en honor al rey de Holanda, aunque es cierto que las zanahorias naranja son recientes. Las zanahorias son parientes cercanas de las chirivías; ambas son bienales, desarrollando una gran raíz tuberosa rica en almidón en su primer año como sustento para cuando florecen en el segundo año.

LOS AROMAS ESENCIALES

Vermeil
de Bienaimé

Indigo Smoke
de Arquiste

Sonic Flower
de Room 1015

ALCARAVEA
Carum carvi – Apiáceas

Destilado al vapor de los frutos maduros machacados del *Carum carvi,* la alcaravea es una hierba que crece en estado silvestre en varios continentes. Tiene un perfil olfativo especiado y mentolado, que a menudo se compara con el pan de centeno.

Aunque las pequeñas vainas marrones de la alcaravea se suelen llamar «semillas», en realidad son los frutos ya secos. A menudo se comparan con el comino por su forma, y se les apoda «comino de prado». Sin embargo, el aroma y el sabor es muy diferente; la alcaravea presenta notas más almizcleñas y un perfil olfativo alternativo. Algunos productores a gran escala incluso la comercializan como «similar al lirio florentino».

Existen registros sobre el uso de alcaravea que se remontan a 8 000 años atrás. Se cree que los antiguos egipcios utilizaban la especia en rituales religiosos, que los romanos comían semillas de alcaravea después de las comidas para refrescar el aliento y que Napoleón utilizaba un jabón con alcaravea.

Aunque raramente se encuentra como ingrediente principal, un uso notable es el de Diptyque en su *L'Autre eau de toilette,* inspirada en uno de los fundadores de la marca, Desmond Knox-Leet, que preparaba pastas aromáticas con flores, hojas secas y resinas.

———

Otro miembro de la familia del perejil y del apio, la alcaravea se encuentra en toda Europa y Asia. Al igual que tantas otras plantas de la familia de las apiáceas, forma grandes racimos de diminutas flores llamadas umbelas. Se cultiva por sus semillas, que son populares en el pan y los pasteles en muchas cocinas del norte de Europa. El aceite esencial de alcaravea contiene una sustancia llamada carvona, un monoterpenoide que también se encuentra en el eneldo y en la hierbabuena, y que es responsable de gran parte del sabor y aroma de la alcaravea. Aunque en Gran Bretaña por lo general solo se consumen las semillas, otras partes de la planta también son comestibles.

LOS AROMAS ESENCIALES

L'Autre
de Diptyque

Astor Cologne
de Geo. F. Trumper

Bukhara
de Gallivant

CARDAMOMO
Elettaria cardamomum – Zingiberáceas

Investigaciones recientes afirman que es probable que Cleopatra se perfumara con una fragancia que contenía ingredientes como aceite de oliva, canela y cardamomo.

El cardamomo es un ingrediente versátil en perfumería y está presente en todas las categorías de fragancias. En general, el cardamomo de Guatemala es más utilizado que el que la India, porque los perfumistas dicen que tiene más claridad y pureza. El aceite esencial de cardamomo se extrae por arrastre de vapor.

Conocido por su uso culinario, el cardamomo es una especie fresca y aromática, con un olor medicinal o similar al del alcanfor. Su frescura se puede describir como una faceta cítrica, lo que significa que posee cualidades similares a un aroma cítrico. Por esta razón combina perfectamente con aceites cítricos en un perfume.

Como ingrediente, resulta muy costoso. Es la tercera especia más cara del mundo después de la vainilla y el azafrán. La buena noticia es que, por ser tan aromático, solo se precisa un poquito de su aceite para causar una impresión en una fragancia.

Casi siempre se emplea como nota de corazón, aportando profundidad con su aroma complejo. También se considera un buen fijador y añade longevidad a la fragancia como conjunto.

———

Originario del sudoeste de la India, el cardamomo es miembro de la familia de las zingiberáceas, que también incluye otras especies como la cúrcuma y el galangal. A diferencia de estas y del jengibre, el cardamomo se cosecha por sus semillas, no por sus raíces. Las vainas que contienen las semillas, de color verde, poseen elevadas concentraciones de monoterpenoides, en gran parte responsables de su aroma. Aunque se cultiva en grandes cantidades en su India natal, la mayor parte es para el consumo local.

LOS AROMAS ESENCIALES

Rose Cardamome
de La Closerie des Parfums

Vanilj
de Maya Njie

Oud Wood
de Tom Ford

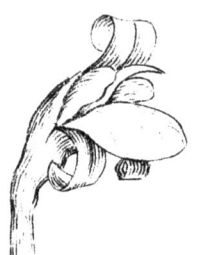

JENGIBRE

Zingiber officinale – Zingiberáceas

El jengibre aporta gran energía a un perfume: fresco, tonificante, dinámico. Suele estar presente en las notas de salida o de corazón de una fragancia, aportando una calidez picante a una composición, además de realzar la longevidad de otros ingredientes. Su aroma es especiado y efervescente.

Su faceta cítrica tiene un matiz verde, de pino, que lo convierte en un ingrediente muy interesante, cada vez más popular.

Bien conocido por su uso culinario, el jengibre se ha utilizado por sus propiedades aromáticas desde hace muchísimo tiempo: hace siglos, servía como incienso además de ingrediente para perfumes.

En perfumería se utiliza tanto el jengibre natural como el sintético. El aceite absoluto natural se suele producir por extracción mediante disolventes, pero también se puede obtener un aceite aromático por destilación al vapor. Igual que en la cocina, lo que se utiliza para producir el aceite es el rizoma del jengibre, no la flor. Aunque presenta cualidades similares a los cítricos en una fragancia, botánicamente hablando el jengibre se considera una especia; lo mismo ocurre en perfumería, donde se lo considera una nota especiada.

El jengibre es popular tanto en fragancias masculinas como femeninas, pero aparece también en perfumes que se comercializan como unisex, como el *Eau de Gingembre* de Mizensir.

La familia de las zingiberáceas se cree que se remonta a 65 millones de años. El jengibre, miembro de esta familia, es originario de la zona que se extiende desde la India hasta el sur y el centro de China. Se ha utilizado para aplicaciones medicinales y culinarias desde épocas antiguas, tanto en India como en China, y también los romanos lo utilizaban. Hoy día, el jengibre es una especie común en repostería y como dulce confitado. También se añade a platos como curries y para elaborar cerveza de jengibre y ginger ale. El jengibre se ha usado para los trastornos digestivos y ha despertado gran interés su uso para prevenir los mareos provocados por el movimiento.

LOS AROMAS ESENCIALES

Molecule 01 + Ginger de Escentric Molecules

Naples de Gallivant

Crazy Hours 6 de Franck Muller

COMINO

Cuminum cyminum – Apiáceas

Si alguna vez ha entrado en una perfumería especializada en fragancias atrevidas y singulares —las que no encontrará en un establecimiento convencional— tal vez se haya encontrado con alguna creación que contenga comino.

Esto se debe a que el olor del comino es especialmente penetrante y lo suelen utilizar los perfumistas que intentan crear algo vanguardista. Es terroso y cálido, y con sus notas amargas, ácidas y animálicas, puede recordar el sudor. Actualmente se usa para recrear notas que producirían de forma natural los animales, como la algalia.

Suele aparecer en fragancias ambarinas y chiprés secos, dándole una cualidad controvertida a un perfume. Se suele considerar una nota de fondo, porque tiene propensión a perdurar.

El comino se viene cultivando y utilizando como especia desde hace más de 5 000 años. Durante este tipo se ha utilizado en la cocina y por sus beneficios para la salud, pero su uso en perfumería está creciendo. Se extrae como aceite esencial, por destilación al vapor o extracción con disolventes. Parece que, a medida que crece el deseo de innovación y la aceptación de fragancias animálicas, también lo hace el uso del comino en perfumería.

———

Otro miembro de la familia de las apiáceas (a veces denominadas umbelíferas por la forma de sus cabezas florales), el comino es originario de Irán y Oriente Medio. Se cultiva con éxito en climas más frescos, pero tiene que protegerse de las heladas. Es una pequeña planta anual, que no alcanza más de 30 cm de altura y visualmente sus semillas son similares a la alcaravea. Estas semillas se añaden enteras a varios platos, y son un aditivo común a las mezclas de especias molidas y los curries en polvo. El compuesto orgánico cuminaldehído es el principal responsable del olor y el sabor de las semillas de comino.

L'Innommable
de Serge Lutens

Night
de Akro

Absolue Pour Le Soir
de Maison Francis
Kurkdjian

CLAVO DE OLOR
Syzygium aromaticum – Mirtáceas

El aceite de clavo se obtiene destilando al vapor los brotes
secos de una planta tropical de la familia de las mirtáceas.
Su nombre proviene del francés *clou,* que significa «clavo»,
por la forma de clavo que tiene el brote.

Las flores del árbol del clavo comienzan en la punta de las ramas con un verde pálido, pero poco a poco los brotes se vuelven rojos y se recolectan antes de que florezcan. Producen grandes cantidades de eugenol, un compuesto natural que desprende un aroma especiado, floral y dulce. Aunque el eugenol lo producen muchos otros materiales, como la canela, el jengibre y la nuez moscada, es el principal componente del clavo (alrededor de un 70 a 90 por ciento) y es responsable de gran parte de su característico aroma.

Es curioso que el eugenol sea un componente crucial a la hora de recrear el olor del clavel (*véase* pág. 28), una flor de aroma especiado que recuerda el del clavo. Se puede extraer aceite del clavel natural, pero es muy diferente del aroma de la flor en estado natural, por lo que a menudo se recrea por medio de un acorde.

Con las hojas y las ramitas del árbol del clavo se obtiene un aceite, conocido como aceite de hoja de clavo, que tiene un perfil olfativo algo más áspero, con una ligera cualidad a quemado y una sequedad más pronunciada.

En ambos casos, el clavo es un material muy apreciado en la paleta del perfumista y se suele emplear como nota de corazón para crear una calidez armoniosa que combina especialmente bien con notas de vainilla, resinas y maderas.

————

Originario de las Molucas (actual Indonesia), el *Syzygium aromaticum* se ha introducido en muchos otros países. Además de su uso en la cocina, en algunos países los clavos se fuman en cigarrillos o tienen un uso medicinal. El sabor y la fragancia de clavos le debe mucho al eugenol, un compuesto utilizado en odontología como anestésico local suave y en materiales para impresiones y empastes.

LOS AROMAS ESENCIALES

Chai
de Baruti

Satori
de Parfum Satori

Piper Nigrum
de Lorenzo Villoresi

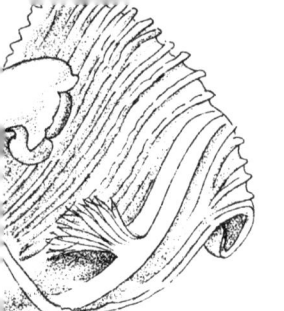

VAINILLA

Vanilla planifolia – Orquidáceas

Hacer un resumen de uno de los materiales más importantes y fascinantes de la perfumería parece una tarea imposible.

Se estima que más del 60 por ciento de todos los perfumes femeninos del mercado actual contienen notas de vainilla. La gran mayoría son de origen sintético (debido a la drástica diferencia de precio) que, aunque atractivos, a menudo son mucho más dulces que los materiales naturales.

La vainilla empieza como vainas verdes de una planta de la familia de las orquidáceas que pasa por un proceso largo impregnado de tradición. Cuando son polinizadas, las flores producen frutos que, tras ser cosechados, se someten a un meticuloso curado y poco a poco se van transformando en las vainas marrón oscuro que nos resultan tan familiares.

El aroma dependerá de dónde y cómo se procesa. La vainilla tahitiana es conocida por su dulzor, la vainilla Bourbon por una intensa riqueza con matices animálicos, y el tipo de Madagascar por su tonalidad melosa, limpia y empolvada.

La vainilla (o los diversos materiales sintéticos que captan aspectos de su perfil olfativo) es un componente clave de muchas fragancias ambarinas y gourmand. Es una materia prima lujosa que se puede utilizar como nota de fondo como estabilizador, como parte de un acorde o, con una sobredosis, como protagonista.

———

Originaria de las selvas tropicales de América Central, las plantas de la *Vanilla planifolia* crecen como altas enredaderas que se agarran a los árboles. En su hábitat natural, las flores son polinizadas por las abejas de las orquídeas, pero la mayor parte de la cosecha mundial se cultiva en lugares más alejados y cada flor debe ser polinizada a mano. Este laborioso proceso es el que causa su elevado precio. El sabor característico de la vainilla se debe principalmente a un compuesto orgánico llamado vainillina. La mayoría de los sabores y esencias de vainilla del mercado emplean vainillina sintética, elaborada a partir de productos petroquímicos o pulpa de madera, en lugar de los costosos extractos naturales.

LOS AROMAS ESENCIALES

Vanille en Fleur
de Place des Lices

Jicky
de Guerlain

Love, don't be shy
de Kilian Paris

MADERAS

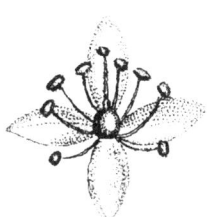

AMYRIS

Amyris balsamifera – Rutáceas

Con frecuencia utilizado como nota de fondo con
impresionantes cualidades fijadoras, el amyris se destila
al vapor a partir de la madera y la corteza de un árbol
que puede tardar hasta 30 años en producir aceite.

El amyris empieza con notas dulces y balsámicas, que se suavizan para revelar un matiz amaderado cálido que recuerda mucho al sándalo. Debido a ello se le conoce por «el sándalo de las Indias Occidentales», un término equivocado que ha generado gran controversia porque el sándalo verdadero pertenece a un género completamente diferente. La confusión sobre la clasificación del *A. balsamifera* se ha intensificado por el hecho de que es una nota predominantemente amaderada.

Haití es el mayor productor de amyris, donde los pescadores locales lo apodan *bois chandelle* («madera candela») porque a veces la utilizan como antorcha.

Aunque raramente se habla del amyris con gran entusiasmo, alcanzó fama en el ámbito de la perfumería comercial cuando el renombrado perfumista Francis Kurkdjian lanzó dos fragancias homónimas en 2012 (una femenina y otra masculina) con su propia marca, dándole protagonismo al amyris.

El *Amyris* pertenece a la misma familia que el *Citrus* (la familia de las rutáceas), pero no se consideran parientes cercanos. Es un género del Nuevo Mundo con al menos 53 especies, originarias de América del Sur y Central, incluyendo las Indias Occidentales. El *A. balsamifera* produce una savia resinosa rica en aromáticos componentes químicos (*balsamifera* significa «portador de bálsamo»).

LOS AROMAS ESENCIALES

**Amyris Homme/
Amyris Femme**
de Maison Francis
Kurkdjian

Vetiver Moloko
de Ex Nihilo

Papyrus Moléculaire
de Maison Crivelli

CIPRÉS

Cupressus sempervirens – Cupresáceas

En el ámbito de la perfumería, el ciprés aporta un aroma
tanto fresco como amaderado, pero claramente seco.

Hablando en general, el ciprés suele aparecer tradicionalmente en fragancias masculinas, aunque también se utiliza para dar profundidad a aromas florales, especiados o amaderados. Suele dar matices aromáticos a las notas de fondo de un perfume. La producción de aceite de ciprés, derivado de las agujas y ramitas del árbol, es más bien limitada y se obtiene por hidrodestilación. Tanto el aceite esencial como el aceite absoluto se utilizan en perfumería.

Debido a su fragancia verde y amaderada, algunas personas comparan el ciprés con aromas similares como el del pino, pero el ciprés —y su notable longevidad— destacan por encima de otros.

El olor del ciprés recuerda el del incienso, motivo por el cual el árbol se ha considerado sagrado. Incuso se ha utilizado su madera para fabricar los ataúdes de algunos papas. Los antiguos griegos creían que el aroma del aceite de ciprés tenía la capacidad de calmar la mente, una creencia que perdura hoy día. Se suele pensar que el término «chipré» para esta familia de fragancias proviene de la palabra francesa para ciprés, pero en realidad viene del término francés para «Chipre».

La taxonomía de los cipreses no está fijada y existe cierta duda sobre si las especies del Nuevo y del Viejo Mundo forman un único género, o si tendrían que dividirse en tres o cuatro géneros diferentes. Varias especies corren peligro de extinción en su hábitat natural, las que están restringidas a pequeñas zonas y amenazadas por la tala, el pastoreo excesivo y la desertización. El ciprés italiano, *C. sempervivens*, abunda más y es originario del Mediterráneo oriental, donde las variedades de copas delgadas se suelen plantar como árboles ornamentales. El apelativo de la especie significa «siempre verde». Los principales componentes del aceite de ciprés son los compuestos volátiles monoterpenoides alfa-pineno y 3-careno.

LOS AROMAS ESENCIALES

Encre Noire
de Lalique

Abu Dhabi
de Gallivant

Cypress & Grapevine Intense
de Jo Malone

SÁNDALO
Santalum album – Santaláceas

Aunque se esté iniciando en el mundo de la perfumería, probablemente habrá oído hablar del fabuloso sándalo.

Considerado como uno de los aceites más valiosos de la paleta de un perfumista, el sándalo se viene utilizando desde hace más de 2000 años. El aceite esencial se obtiene del duramen del árbol y se destila por arrastre de vapor. Aporta a una fragancia una faceta inconfundiblemente cremosa, lechosa y, por supuesto, amaderada.

Aunque existen numerosas especies, la más popular en perfumería es la *Santalum album*, también conocida como sándalo de la India oriental. A finales del siglo XX la demanda de este árbol fue tan elevada que estuvo al borde de la extinción. India impuso prohibiciones a la exportación y la presión de la demanda se relajó cuando Australia empezó a cultivar esta especie en plantaciones sostenibles al oeste del país. Hoy día, la mayor parte del *Santalum album* del mercado proviene de Australia occidental.

La producción de aceite de sándalo requiere paciencia. Los árboles por lo general no se cortan hasta que llegan a los 15 años, ya que cuanto más viejo sea el árbol, más grueso será el tronco y más aceite contendrá su duramen.

Con los años, el aroma se ha convertido en sinónimo de la perfumería masculina tradicional, pero también aparece en muchos perfumes femeninos, como nota de base crucial que aporta una rica profundidad de longevidad excepcional.

———

El sándalo se presenta como pequeños árboles o grandes arbustos que crecen principalmente en selvas tropicales y bosques, en territorios desde Java hasta el norte de Australia. El sándalo es un hemiparásito, por lo que depende en gran medida de las plantas anfitrionas para sus nutrientes. En la fitoterapia tradicional se utilizaba para las infecciones urinarias, y se han demostrado sus propiedades antibacterianas. La madera se ha utilizado para intrincadas tallas, a menudo con un significado cultural. Esta especie es vulnerable y está al borde de estar en peligro de extinción.

LOS AROMAS ESENCIALES

Samsara
de Guerlain

Sandalwood Sacré
de Le Jardin Retrouvé

Santal 33
de Le Labo

MADERA DE AGAR
Especie *Aquilaria* – Timeleáceas

La palabra moderna «perfume» se deriva del latín *pro fumum*, que significa «a través del humo», porque los primeros pasos de la perfumería consistían en quemar materiales por su aroma.

Uno de estos materiales, que se remonta a tiempos antiguos según las referencias encontradas en textos religiosos, es el oud.

El oud es una resina viscosa procedente del duramen de los árboles de la especie *Aquilaria*. Durante su ciclo vital, un reducido número de estos árboles sufre una infección fúngica; el árbol enfermo reacciona produciendo una sustancia oscura y pegajosa de un complejo perfil olfativo.

Cuando se usa en una fragancia, el oud puede resultar increíblemente evocador. A pesar de ser oscuro y ahumado, cuando se combina con otros materiales produce una multitud de notas y sirve como fijador: un material que estabiliza a otros para lograr una mayor longevidad.

En su forma más pura, el oud es, por peso, una vez y media más caro que el oro puro. Su aroma también madura con la edad, por lo que cuanto más vieja la madera, más elevado el precio del acei-te. Es por este motivo que gran parte del oud que hoy día se encuentra en el mercado es el que se recrea mediante el uso de otros materiales.

———

El uso de la madera de agar tiene una larga historia en diferentes sistemas medicinales, como el ayurvédico, unani y tradicional chino. Su corteza, madera y resina tienen notables efectos tonificantes y se utilizaban tradicionalmente para las afecciones digestivas y respiratorias, así como fiebres y reumatismo. Otros usos van del decorativo —tallas para joyería— hasta saborizante para curries. Se conocen al menos 21 especies de *Aquilaria*, que se extienden desde el estado de Assam en India hasta el sur de la China y Nueva Guinea. Algunas especies tienen tanta demanda por su madera resinosa y fragante, que las poblaciones de árboles en estado natural están declinando, por lo que se las considera en grave peligro de extinción.

LOS AROMAS ESENCIALES

Kampuchea Noir
de Xerjoff

Oud Extravagant
de Maître Parfumeur et Gantier

The Night
de Frédéric Malle

EUCALIPTO
Especie *Eucalyptus* – Mirtáceas

El aroma herbáceo y amaderado del eucalipto es algo que podría asociarse con un balneario, la relajación, algún jabón o incluso colutorio. Sin embargo, se suele utilizar en perfumería para aportar notas marinas, frescas y etéreas.

Los aborígenes australianos utilizaban el aceite de eucalipto por sus beneficios para la salud. En aromaterapia, el eucalipto se usa para mejorar el estado de ánimo y para la relajación.

El aceite de eucalipto, como ingrediente natural, se extrae al vapor de las hojas. Si alguna vez ha olido el aceite en estado puro, sabrá lo potente que es. Domina fácilmente una fragancia, así que encontrar el equilibrio en perfumería es un arte difícil. La moderna producción de aceite se remonta al siglo XVIII, y aunque ahora se produce en otras partes del mundo, el aceite de eucalipto australiano se sigue considerando como uno de los mejores.

Al igual que otras muchas notas cítricas, el eucalipto es dinámico y tonificante, por lo que se suele utilizar en las notas de salida de una fragancia para darle un toque fresco y unisex.

Se cree que las especies de eucaliptos fueron introducidas en Europa por el naturalista y botánico sir Joseph Banks, tras acompañar al capitán James Cook en su travesía con el HMS *Endeavour* (1768-1771). Hacia el siglo XIX, la madera de la variedad *Eucalyptus globulus* (eucalipto blanco o azul) se utilizaba para construir las quillas de los barcos. Los tres son famosos por sus aromáticos aceites que al parecer tienen propiedades antisépticas. Las preparaciones de corteza se utilizaron históricamente para limpiar las úlceras, y la goma de eucalipto se consideraba un remedio contra la disentería. Actualmente, el aceite de eucalipto en inhalaciones aromáticas se utiliza para aliviar la congestión nasal.

LOS AROMAS ESENCIALES

Sicile
de Place des Lices

Sumo Wrestler
de J-Scent

Royal Mayfair
de Creed

SECUOYA

Sequoia sempervirens – Cupresáceas

A veces se dice que los acordes son los elementos básicos de la perfumería.

En lugar de construir una estructura con montones de piezas diminutas, los perfumistas suelen hacerlo por etapas, reagrupando materias primas. Sin embargo, en ocasiones es necesario un acorde cuando uno de los materiales no está disponible en su forma natural.

La secuoya es una conífera de increíble altura, de la familia del ciprés. Como muchos otros árboles que se emplean en perfumería, tiene un duramen rico con un aroma profundo y amaderado. Por desgracia, una combinación de factores, entre ellos los cada vez más frecuentes incendios forestales, la sequía y la intrusión humana, ha provocado que las secuoyas se clasifiquen como especie amenazada. Los perfumistas interesados en utilizar su aroma similar al ciprés tienen que ser creativos y recrearlo. Esto se suele conocer como un acorde «fantasía».

Crear acordes que reproduzcan fielmente los materiales naturales es difícil y, por supuesto, algo muy subjetivo. Qué acordes se consideran las recreaciones más fieles es un tema de continuo debate. Podría pensar que esto haría que la secuoya fuera una nota poco utilizada, pero está presente en una sorprendente variedad de aromas, desde el *Sequoia Wood* de la casa de fragancias nicho The Perfumer's Story by Azzi, hasta el *Heat*, el principal éxito de ventas de Beyoncé.

Parte de la familia de las cupresáceas, las secuoyas son la especie de árbol más alta que se conoce, puede medir más de 115 metros. Se han adaptado para poder atrapar la niebla y cubrir así su gran necesidad de agua, y tienen una corteza muy gruesa para protegerse contra los incendios forestales. Originaria de solo una franja de cordillera californiana, donde las condiciones son justo las adecuadas, desde entonces se han naturalizado en partes de Europa Occidental, tras ser introducidas como ornamentales (para jardines lo suficientemente grandes para acomodar un árbol maduro de este tamaño) o para plantaciones forestales.

Pour Homme Equus
de Lalique

Sequoia Wood
de The Perfumer's
Story by Azzi

Giant Sequoia
de Demeter
Fragrance

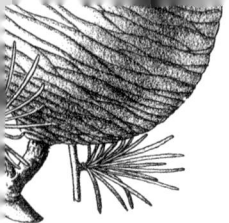

CEDRO

Especie *Cedrus* – Pináceas

La primera referencia que tenemos del cedro data del año 1800 a. e. c., y se cree que fue el primer material que se destiló para obtener un aceite esencial.

Hoy día sigue siendo una materia prima de vital importancia, y muchos perfumistas dependen de ella por sus efectos de acabado armonioso, profunda sensualidad y propiedades de fijación.

Se cree que los antiguos egipcios utilizaban el cedro para embalsamar y que los romanos empleaban su nombre de *cedrus* de manera figurativa, para referirse a la «inmortalidad».

Existen diversas variedades de cedro, pero una que se tiene en gran estima en perfumería es la madera de cedro del Atlas (*Cedrus atlantica*). Cultivado a altitudes elevadas, difiere de sus equivalentes porque rinde más aceite y tiene un aroma más delicado, más refinado, que si se almacena correctamente puede mejorar con el tiempo.

El aceite esencial de cedro se destila por arrastre de vapor y, además de ser una nota importante por derecho propio, se utiliza con frecuencia en acordes: combinaciones de materiales que se emplean para imitar otras materias primas, como el sándalo, el pachulí y el vetiver.

El aroma, por supuesto, es característicamente amaderado, pero también posee facetas cálidas y resinosas. Se lo asocia con el olor de las virutas de madera de un lápiz y de las cajas de cigarros puros, que a menudo se fabrican con madera de cedro.

————

Solo existen tres especies de cedro verdadero: el cedro del Líbano (*Cedrus libani*), originario de Oriente Medio; el cedro del Atlas (*C. atlantica*), de las montañas del Atlas de Marruecos; y el cedro de los Himalayas o deodar (*C. deodara*). Sin embargo, a menudo se denomina cedro a varias especies de la familia de las cupresáceas, en especial el enebro y las tuyas (y su aceite se ha comercializado como tal). Como actualmente el cedro del Líbano y el del Atlas son especies amenazadas, se utiliza en su lugar el aceite de especies como la sabina colorada (*Juniperus virginiana*).

LOS AROMAS ESENCIALES

Féminité du Bois
de Serge Lutens

Tokyo
de Gallivant

Cèdre Atlas
de Atelier Cologne

PINO
Especie *Pinus* – Pináceas

Existen más de 120 especies conocidas de pino, sin incluir el que cuelga del parabrisas trasero de su coche, quizás el tipo más común de pino que se utiliza por su aroma.

Un buen número de estas numerosas variedades de pino se utiliza en perfumería, y cada una de ellas aporta diferentes tonos y carácter a la composición de una fragancia. Aunque resulta obvio, diremos que algunas se utilizan por sus cualidades amaderadas, como el pino silvestre (*Pinus sylvestris*) y el pino siberiano (*P. sibirica*), mientras que otras aportan frescura, como el pino blanco (*P. strobus*). Aparte de todas estas facetas individuales, la mayoría de los aromas de pino poseen una cualidad resinosa, de gran utilidad para un perfumista. La naturaleza fresca, aromática y amaderada del pino lo distingue de muchas otras notas amaderadas.

La forma más común de obtener el aceite de pino es destilando la resina que se extrae del tronco y las ramas del propio árbol, a menudo haciendo una incisión en la madera.

Los aceites esenciales de pino se empleaban en la momificación en el antiguo Egipto, y durante la Edad Media para disfrazar los males olores de las ciudades. En épocas modernas, se asocia más con fragancias para el hogar y productos de cuidado masculino.

———

De crecimiento rápido y una madera suave y fácil de trabajar, muchas especies de pino son importantes fuentes de madera. La resina de algunas especies sirve para elaborar aguarrás. Los piñones comestibles —el interior de las semillas—, provienen de la especie *Pinus pinea*. El aceite esencial destilado de las agujas de pino se usa como fragancia, para dar sabor y aliviar la congestión nasal. Las especies principales que se usan para la producción de aceite esencial son el pino enano (*P. mugo*) y el pino silvestre (*P. sylvestris*). El aceite está compuesto principalmente por compuestos volátiles monoterpenoides.

LOS AROMAS ESENCIALES

Gypsy Water
de Byredo

Hugo Man
de Hugo Boss

Forest Lungs
de The Nue Co.

PALO SANTO

Plectrocarpa sarmientoi – Zigofiláceas

No sería raro pensar que el aceite de guaiac empleado
en perfumería proviene del árbol del guayacán.
Sin embargo, se extrae con mayor frecuencia de otro,
que probablemente habrá oído nombrar: el palo santo.

El palo santo crece en las zonas tropicales de Sudamérica, entre ellas Bolivia, Brasil, Paraguay y Argentina, y algunas de las mejores casas de perfumes lo compran en Paraguay. El aceite se extrae por destilación al vapor a partir de la madera astillada y el serrín del árbol.

Una nota rica, amaderada y balsámica en perfumería, el aceite de guaiac tiene una fragancia casi espesa. Algunos dicen que es similar a la miel, y otros lo perciben más terroso, casi como alquitrán. Sin embargo, el aroma del aceite depende mucho de la materia prima utilizada; puede variar, por un lado una nota del mencionado alquitrán, ahumado, de cuero, y por el otro una nota mucho más dulce, espesa, similar a la vainilla y la miel. No es tan terroso como el oud, pero sí es mucho más rico que el sándalo y el cedro.

Aparte de su uso por su inmediata y distintiva fragancia, el aceite de guaiac es un buen fijador y se puede emplear para crear notas de vainilla y cedro.

Conocidos también por su sinónimo *Bulnesia sarmientoi*, estos árboles de gran tamaño proporcionan una madera resistente a la descomposición, útil en carpintería y para fabricar piezas para embarcaciones. El aceite de guaiac se ha empleado en fitoterapia y como repelente de insectos. La deforestación y la demanda de madera de palo santo han amenazado la supervivencia de esta especie. En consecuencia, se la considera en peligro de extinción y el comercio internacional de ciertos productos de palo santo está controlado y limitado para proteger a esta especie.

LOS AROMAS ESENCIALES

Gaiac 10
de Le Labo

Into the Void
de Juliette Has A Gun

The Architects Club
de Arquiste

ABEDUL

Especie *Betula* – Betuláceas

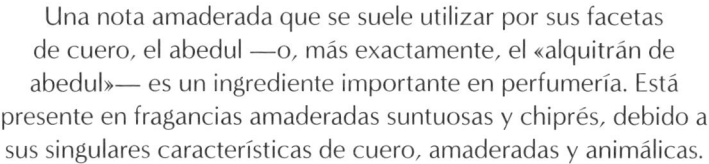

Una nota amaderada que se suele utilizar por sus facetas de cuero, el abedul —o, más exactamente, el «alquitrán de abedul»— es un ingrediente importante en perfumería. Está presente en fragancias amaderadas suntuosas y chiprés, debido a sus singulares características de cuero, amaderadas y animálicas.

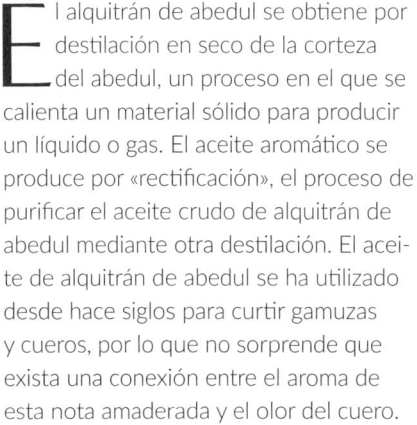

El alquitrán de abedul se obtiene por destilación en seco de la corteza del abedul, un proceso en el que se calienta un material sólido para producir un líquido o gas. El aceite aromático se produce por «rectificación», el proceso de purificar el aceite crudo de alquitrán de abedul mediante otra destilación. El aceite de alquitrán de abedul se ha utilizado desde hace siglos para curtir gamuzas y cueros, por lo que no sorprende que exista una conexión entre el aroma de esta nota amaderada y el olor del cuero.

El abedul en perfumería es un poco como un club inglés de los de antaño: paneles de madera, sillones de cuero y un fuego ardiendo en la chimenea. A las notas amaderadas y de cuero se les une un suave olor a humo. El uso del alquitrán de abedul en perfumería se remonta al siglo XVI. Es más frecuente en las fragancias masculinas y la nota se utiliza en perfumes como el *Cuir de Russie* de Chanel (1924), para crear una fragancia de cuero para mujer.

———

El abedul es originario de las zonas templadas del hemisferio norte y tiene diversos usos económicos. Por ejemplo, con la madera se produce carbón, papel e incluso juguetes, y las ramitas sirven para hacer escobas. Los preparados de hojas de abedul se han usado tradicionalmente para tratar las infecciones urinarias y por sus efectos diuréticos. En estudios de laboratorio, los extractos de corteza de abedul muestran propiedades antiinflamatorias y ha habido interés en su uso para curar heridas. Los preparados que contienen aceite de alquitrán de abedul, obtenido por destilación de la madera y la corteza del abedul común o plateado (*Betula pendula*), se aplican para aliviar ciertas afecciones dermatológicas.

LOS AROMAS ESENCIALES

Cuir de Russie
de Chanel

Aventus
de Creed

Habit Rouge
de Guerlain

VARIOS

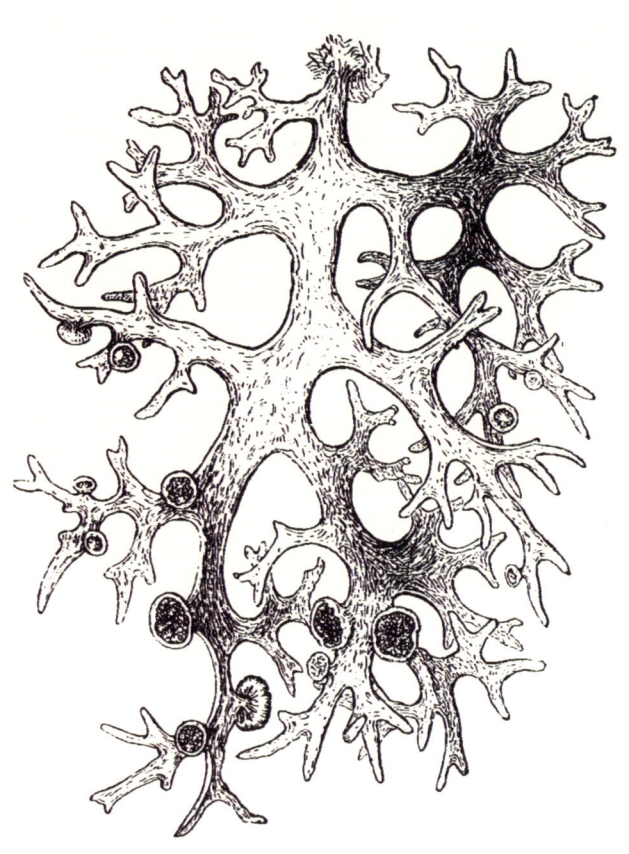

MUSGO DE ROBLE

Evernia prunastri – Parmeliáceas

El musgo de roble es un ingrediente sorprendentemente vital en la perfumería. No solo aporta una calidez seca a una fragancia, sino que es una materia prima clave para los perfumes de la familia chipré.

Se podría decir que una fragancia no se considera un chipré sin el musgo de roble, porque el «acorde de chipré» realmente está basado en una combinación de musgo de roble y pachulí. Es ampliamente reconocido que todos los chiprés contemporáneos son resultado del *Chypre de Coty*, de la casa Coty, lanzado en 1917. Sin embargo, estas fragancias, originalmente inspiradas en la isla de Chipre, se pueden rastrear hasta la antigua Roma (aunque su olor sería ligeramente diferente).

En el mundo de la perfumería, el musgo de roble se considera un fijador: ayuda a que una fragancia perdure más tiempo en la piel. Actualmente el musgo de roble se utiliza en cantidades más pequeñas porque algunas de sus moléculas son alérgenas. La buena noticia es que se han hecho avances en la eliminación de las moléculas alergénicas del aceite absoluto.

El aceite de musgo de roble y otros muchos se obtienen mediante la extracción con disolventes volátiles, en la que la materia vegetal natural se coloca en una tina y se sumerge en un disolvente (etanol, hexano, benceno u otros) que luego se evapora. Este proceso produce una masa cerosa conocida como «concreto», que tiene que extraerse todavía más con alcohol para obtener el absoluto de musgo de roble. Hacen falta 100 kilogramos de musgo de roble -que de hecho es un liquen- para obtener 1 kilogramo de aceite absoluto.

A pesar de su nombre, el musgo de roble no es un musgo, sino un liquen. Los líquenes son organismos compuestos: dos especies distintas que viven en simbiosis, cada una dependiente de la otra. En el caso de los líquenes, se trata de hongos y algas. El hongo proporciona un hábitat para el alga (que típicamente sería un organismo acuático), la cual, a su vez, proporciona nutrientes al hongo mediante el proceso de fotosíntesis.

LOS AROMAS ESENCIALES

Chypre de Coty
de Coty

Paloma Picasso
de Paloma Picasso

Aleksandr
de Arquiste

ÍNDICE ANALÍTICO

Los números de página que siguen a los nombres de fragancias que terminan en una cifra se escriben en *cursiva*.

AGRADECIMIENTOS

Todas las imágenes provienen de los archivos de los Jardines Botánicos Reales de Kew, a excepción de las siguientes:

Alamy: Album: pág. 119; /Art World pág. 61; /Buccaneer pág. 133; /Gado Images pág. 84; /Gameover págs. 91, 129; /Patrick Guenette págs. 98, 114, 118, 121, 122, 125, 144, 168; / Colección de imágenes históricas de Bildagentur-online pág. 69; /Marina Gorskaya pág. 188; /Museo de Historia Natural pág. 113; /Penta Springs Limited págs. 93, 94; /Well/BOT pág. 29; /Quagga Media págs. 38, 57, 36, 138

Getty Images: Ilbusca págs. 27, 127, 142-143, 148, 158, 181, 192; / Milkroman6 págs. 154-155, 173; / Thepalmer pág. 134; /Universal Images Group pág. 200

Stock.adobe.com: Acrogame págs. 68-69, 76; /Basicmoments págs. 182-183, 197; /Doublebubble_rus págs. 4, 41; /Foxyliam págs. 4, 198-199, 201; /Good Studio págs. 8-9, 19; / J_ka pág. 78; /Kseniia págs. 4, 141; / Morphart pág. 5, 18, 24-25, 54, 80; / Natspace pág. 71; /Hein Nouwens págs. 105, 196; /Sabelskaya págs. 4-5, 106, 108-109, 112; /Sad pág. 20; /STV pág. 185; /Unorobus pág. 12; /Zdenek Sasek pág. 45

Wellcome Collection: págs. 79, 87

Título original: *Fragance*

© 2026 Librero b.v. (edición española)
Hambakenwetering 8B
5231 DC 's-Hertogenbosch
Países Bajos
www.librero-ibp.es

Texto © 2024 Josh Carter y Samuel Gearing

Copyright del texto de debajo de la línea divisoria en las páginas
de las especies botánicas y del texto de las páginas 12 y 13
© Board of Trustees of the Royal Botanic Gardens, Kew

Se identifica a Josh Carter y Samuel Gearing como los autores de la obra.

Primera publicación en 2024 a cargo de Welbeck,
un sello editorial de Headline Publishing Group Limited

The Royal Botanic Gardens, logotipo e ilustraciones de Kew © The Board of Trustees
of the Royal Botanic Gardens, Kew (Kew logo™ the Royal Botanic Gardens, Kew)

Producción de la edición española:
Traducción: Montserrat Ribas Casellas para Delivering iBooks & Design
Redacción y maquetación: Delivering iBooks & Design, Barcelona

Distribución exclusiva de la edición española:
Librero IBP S. L.
C/ Paseo de los Olmos, n.º 20
Planta 1.ª, oficina 7
28005 Madrid, España
www.librero-ibp.es

Impreso en Guangzhou, China GGDP092025
ISBN: 978-94-6499-189-5